国家出版基金项目
NATIONAL PUBLICATION FOUNDATION

中国出版产业发展研究丛书（第一辑）

总主编　蔡　翔

大学精神与大学出版

民国中央大学『学人办刊』研究

The Spirit of the University and University Publishing

A Research on "Scholar-run Journals" of National Central University in the Republican Period of China

赵丽华　著

中国传媒大学出版社
·北京·

序:改革是出版发展的唯一路径

中国传媒大学副校长　蔡翔

国家新闻出版广电总局近期发布了最新的产业分析报告。从“十二五”期间的产业数据看,我国出版业呈现出良性发展态势,且不乏亮点和拓展空间,再次增强了我们的士气和信心。“十二五”期间,图书出版营业收入大幅增长且年年增长,2015年达到822.6亿元,5年增幅达261亿元,增长了46.4%。传统出版与新兴出版的融合发展势头强劲,作为新业态的数字出版五年增长了318.7%,且每年增速超过30%,已成为增长最快的板块。出版业整体资本实力显著增强,据世界银行发布的资料,我国出版业投融资能力已稳居世界第一位,在跨国兼并中,中国已经成为第一大主力阵营。从以上这些分析我们不难看出,在中国的文化产业建设中,出版产业堪称中流砥柱。出版产业做不好,文化产业成为支柱产业就有可能成为空话;只有出版做强做大,文化才能真正强大起来。

我们亲历并紧密关注出版业发展,是出于产业思考,更是出于文化情怀。出版作为内容产业和文化事业,是人类知识积累和文化传承的重要力量,寄托了一代又一代文化人的理想和情怀。出版传承文化的本质不会随着时代更迭和技术变革而发生变化,其本质与产业化运营并不相悖,产业是出版的载体,产业化运营是出版更好发挥社会功用的引擎,这已经被过去十几年我们出版业翻天覆地的变化所验证,也是身处其间的我们真切感受到的。

2002年,党的十六大正式提出发展文化产业,十七届六中全会决定把文化产业发展成国民经济支柱型产业。我们的出版管理部门敏锐地捕捉到改革对于推动文化产业成为支柱产业的重大意义。以柳斌杰署长为代表的一代改革派,在其后的十年间,和支持者、同行者们一起,坚定地拉开了改革的序幕,推动了中国出版市场化的进程,有力地提升了文化产业在我国国民经济体系中的影响力、活跃度和话语权。

如今回首,从时间进程上看,这十年的中国出版体制改革具有渐进性特点,并表现出明显的阶段性。2003年,国家开展文化体制改革试点工作,出版体制改革拉开帷幕。2005年,随着中央《关于深化文化体制改革的若干意见》出台,出版体制改革工作全面展开,并按照区别对待、分类指导、循序渐进、逐步推开的原则,在出版全行业不断深化。改革不仅有路线图,更有时间表,始终有条不紊,稳扎稳打,取得一系列突破性成果。例如,国有经营性出版单位相继有序实现转企改制;又如,出版行业突破障碍开展跨地区、跨部门、跨行业并购重组,经此催生的大型出版集团和企业开始尝试上市融资,运用资本的力量不断提升市场地位……2009年,新闻出版总署《关于进一步推进新闻出版体制改革的指导意见》出台,增强了改革的攻坚力度,使改革总体上保持着积极稳妥、有效有序的态势。行至2011年“十二五”开局之时,全国581家图书出版单位除四家公益性出版社和部队出版单位外,地方、高校和各部委出版社基本完成转企改制任务,正式成为市场主体,走出与市场接轨的关键一步。到2012年十八大召开之际,原定十八大前完成的改革目标基本如期完成。

2002年至2012年间的改革成果丰硕,为中国出版业开拓了全新的局面。首先,改制帮助出版企业确立了市场主体地位,经营活力得以激发,出版生产力得到释放,全行业发展动力强劲,产业规模不断扩大。统计表明,2012年新闻出版业总产出达1.6万亿元,而作为改革试点起始年的2003年这一数据仅为3 000亿元,改革十年,产值提高了5.33倍。其次,改制推动了出版业的市场化进程,市场逐步成为配置出版资源的主要手段,出版业跨区域、跨媒体的资源整合不断深化,战略性重组所培育的大型出版传媒集团产业地位突出,竞争力越来越强。2011年年底前,全国已组建出版集团33家,其中不乏江苏凤凰出版传媒集团这样的百亿级产业航母。再次,改制使中国出版业探索资本化运营的勇气和信心不断增强,驾驭资本力量的手法也越来越娴熟。这一过程中,资本无孔不入地渗透到出版业各个角落,提升着中国出版业的活力。无论是上市融资,还是战略重组,资本越来越成为中国出版业得心应手的武器。而最后,最能激发中国出版人激情的是,改制使中国出版业开始放眼世界,坚定地迈步"走出去"。国际化是中国出版业未来发展战略的重要一环,是提升中国文化软实力的重要方向,事实上,这也是改革后产业强大带来的必然结果。

2012年是出版体制改革的一个分水岭。虽然中央确定的十八大前的改革任务至2012年年底业已完成,但改革并没有就此停步。党的十八大报告就文化领域发展提出了"促进文化和科技融合,发展新型文化业态,提高文化产业规模化、集约化、专业化水平"的新要求,中国出版业要实现这种优化升级,必须进一步深化改革,解放出版生产力。2002年至2012年仅走完改革的第一阶段,为我们出版业奠定了良好的发展基础,最大程度扫清了"拦路石",但束缚出版生产力的因素依然存在。改革进入"深水区",需要出版人以更大的信念、勇气和魄力破解深层次矛盾与问题。其时,我们抱以最大热情的出版业伴随改革进程也出现了一些不尽如人意之处,引发不少争议甚至非议,需要我们正本清源、继续前行。

所有的矛盾、问题、争议、非议,归结起来在这几个方面。其一,产业发展初期重规模轻质量的做法给我们出版行业带来很多泡沫,如在我相对熟悉的学术出版领域,推出了不少平庸之作乃至垃圾作品,引发整个学术共同体的不安。必须解决发展是追求规模还是追求质量的矛盾,质量优先的发展方式才是可持续的。其二,出版产业的市场竞争力还不够强。由于体制机制等各方面的限制,目前很多出版企业产权改革仍不到位,还没有真正成为市场主体。其三,我们的法律制度环境还不够完善,统一开放、竞争有序、健康繁荣的大市场体系还没有完全建成,致使产业资源配置难以进一步优化,出版业资本运营遭遇瓶颈。而最后也是最重要的是,中国出版在当今世界出版格局中仍“大而不强”,我们现在的作品还不能进入具有世界影响力作品的行列,还不能用触及人类文明根本的话题引发世界的共鸣。在看到出版业天翻地覆的变化时,冷静审视这些客观存在的问题,继续拓展前行之路,是我们出版人的使命和义务。我们都有一个共识:改革是发展的根本动力,只有坚持改革,才能有发展;改革难免遇到问题和挑战,也正是改革让各种矛盾和问题愈加凸显,问题的背后往往潜藏着深刻的制度根源,而改革遭遇的问题恰恰只能通过深化改革、继续发展来解决。

改革是一代出版人的事业,只有置身于改革历程中的人,才能体味它所带来的诸般况味,有荣耀有光环,也有误解和遗憾。达成通过改革谋发展共识的“我们”,是这十几年出版改革的亲历者,包括新闻出版总署、各出版传媒集团以及出版研究机构有远见的领导们,他们曾是出版改革的推动者,同时,也是深入思索出版的过去、现在和未来的专家和学者。“我们”也有着中坚一代的成员,积极参与了出版改革的进程,并且正在后改革时代,主持和推动着出版产业的优化升级。“我们”还有出版学界培养的大量年富力强、充满创造力的年轻学人。

出版就是这样一个产、学、研息息相关的行业,理论积极指导着行业实践,行业变迁不断修正着我们的理论,形成了有机、良性互动的生态。作为柳斌杰先生的弟子,我很荣幸在先生指引下,主持了中国传媒大学出版社的转企改制,并创立了中国传媒大学编辑出版研究中心,比较全面地参与到2002年至今的出版改革进程中。前者的市场化进程开启于2002年,后者则创立于2004年,十数年来,两者从不同角度见证了中国出版业的凤凰涅槃,自身也因侧身其间得以不断成长和壮大。某种程度上讲,我们的编辑出版研究中心,地处首都、背靠传媒,有效整合了政府、学界和业界的优势资源,已经成为中国出版人才培养和决策参考的一块高地。我们的导师团队,汇聚了近三十位充满改革意识和创新思维的新闻出版界元老、出版传媒集团新锐领导以及出版管理机构、科研院所的专家学者,他们和中心的硕士、博士、博士后一起,形成了学界、业界有效联动的学术和产业共同体。这个共同体,一直以客观辩证的眼光,对中国出版改革进行着系统总结、剖析与反思。

这套出版产业发展研究丛书是中心的阶段性成果,被推荐列为2015年度国家出版基金项目。原中国出版集团总裁,现任韬奋基金会理事长聂震宁先生在推荐语中称:当下的中国出版业机遇和危机共存,要实现从出版大国到出版强国的转变,需要探索具有中国特色的当代出版产业发展路径。“中国出版产业发展研究”项目直面深化出版体制改革、出版产业政策调整、当代出版文化等重大前沿问题,多视角、全方位地为中国出版产业发展提供理论支持和智力支持,具有重要的学术价值与现实价值。原中国新闻出版研究院院长,现任中国编辑学会会长郝振省先生也对丛书给予了积极的评价,认为丛书内容系统、全面,涵盖了出版产业政策、产业转型、投融资、技术创新、国际传播、数字出版、媒介融合、文化自觉、大学出版等热点问题,是一套具有完整意义的出版产业观察丛书;同时,丛书并不止于产业研究,更从文化的角度诠释了中国出版业对人类、对中国、对世界的意义。作为主编,我很欣慰地看到丛书的正式推出,也很感谢两位前辈的支持和推荐。我们中心将陆续推出丛书的第二辑,第三辑……不断跟进、记录并反思中国出版改革以及优化升级的进程,并以更为客观的视角和理性的积淀为此进程源源不断地贡献力量。目前第一辑的作者大多还是中心的博士或博士后，他们都很年轻，普遍缺乏行业的历练，看问题的辩证性还有所欠缺。但他们的优点也很明显，没有桎梏、思维活跃、有跨学科背景、有国际化视野，是我们出版和文化产业研究的新鲜力量。丛书中《当前出版企业转型问题研究》《出版传媒上市公司投融资研究》《中国出版产业政策研究：社会转型与价值观建构》《中国数字出版产业政策研究》等都是对中国出版体制改革的客观观察，其中不乏尖锐的批评；《媒介融合趋势下的出版变迁与转型》《自出版管理问题研究》《中国数字出版内容国际传播研究》《中文人文社会科学学术期刊评价体系研究》等都能在相对开阔、与国际出版市场和评价体系对接的语境中谈论中国问题；《论出版的文化自觉》《大学精神与大学出版：民国时期"学人办刊"研究》则史论结合，从出版本质、出版价值这些更为根本的视角，以史为鉴，对中国出版产业发展的走向提出一己之见。

我很珍视丛书体现出的朝气和活力，我们的出版产业也正需要以这种朝气和活力不断推陈出新，打好深化出版体制改革、融合发展、内容创新的攻坚战；按照十三五的规划，建成文化保护传承体系、文化公共服务体系、文化产业发展体系等"六大"体系。在此过程中，值得关注和深入分析的问题还很多，包括公共服务体系如何建构、融合发展如何真正落实、学术出版机制如何调整、社会化出版现象如何看待、出版传媒法制建设如何推进、资本市场如何突破体制壁垒，等等，"中国出版产业发展研究"丛书后续将陆续推出同人的思考。我期待丛书真正成为一个开放性平台，聚合起更多同行者的力量，为出版行业、为文化产业的发展提供更多的理论和思想动力。我们的出版产业改革一直"在路上"，我们的研究和行业观察也会一直"在路上"。

目 录 Contents

引论:学人办刊与大学出版

一、大学出版视野中的学人办刊:概念、形式与分类

近年来,因为转企改制以及深化出版体制改革,大学出版社和大学学报成为出版学界、业界的一个讨论热点。检索近年涌现的论述大学出版的专著和论文,有一个现象值得关注,即我国大学出版的讨论对象和范围,还不是非常清晰,尚有值得商榷和有待突破之处。

第一点有待讨论的是我国大学出版的时段。在当前讨论大学出版,论者一般以新中国成立为界,以中国人民大学出版社和华东师范大学出版社的成立作为我国大学出版真正意义上的起点,同时兼及大学学报以及电子音像等出版机构。其优点在于清晰利落,在面对转企改制、经营管理等现实问题时可以直入主题,避免枝蔓拖沓。其问题在于忽略了晚清民国阶段,在某

种程度上有损大学出版的整体感和历史感,导致在论述大学出版的价值观、精神内涵等方面难以深入。姜华、肖东发、范军等学者通过扎实的研究[①],做出了补充,认为我国的大学出版应该包括晚清民国时期大学的出版委员会和大学出版部(组或社)的出版行为。范军论文《略论民国时期的大学出版》是迄今为止对民国时期大学出版论述最为深入周密的论文。文章从制度设计、机构设置、出版物刊行三个层面,梳理了民国时期大学校方普遍设立的出版委员会、大学出版部(组或社),以及在其主持下民国时期大学图书、期刊和报纸的出版样貌。以上研究打开了民国大学出版这个研究领域,值得继续深入。

第二点有待讨论的是我国大学出版的主体和主办者。对此问题,现有论述似乎并无异议,认为大学出版,不管是校报、学报,还是出版部(组或社),都是校方主持,为学校教学、科研服务的。肖启明指出:"大学出版,是指由隶属于大学的出版社共同组成的出版力量","是大学对出版的介入"。[②] 教育部 1998 年颁布的《高等学校学报管理办法》规定:"高等学校学报是高等学校主办的以反映本校科研和教学成果为主的学术理论刊物"。这些和蔡元培先生在《北京大学月刊》发刊词中提出的"自去年有日刊,而全校同人始有联络感情、交换意见之机关,且亦藉以报告吾校现状于全国教

① 参见姜华:《建国前大学出版的理念、运营及得失》,《编辑学刊》2007 年第 5 期;肖东发:《大学与出版在中国》,《现代出版》2012 年第 2 期;范军:《略论民国时期的大学出版》,《河南大学学报(社会科学版)》2014 年第 2 期。

② 肖启明:《大学出版精神与大学出版社的发展》,广西师范大学出版社 2008 年版,第 1、9 页。

育界”的认识不谋而合,即把校方(官方)作为大学出版的天然主体。唯一提出异议的是上文提及的范军论文《略论民国时期的大学出版》,他指出在学校层面之外,民国时期大学还有一些院系、研究所、学术社团、教授、学生的出版活动(尤其是办刊活动)。但作者没有展开论述,认为“这方面的情况比较复杂,不再赘述”。

在笔者看来,研究我国的大学出版,忽略晚清民国阶段,同时将大学出版的主体局限于校方(官方),会使我们有意无意忽略与大学精神联动最为密切的学人自主办出版(尤其是办刊)现象。

“学人办刊”,是以大学学人为刊物创办、编辑主体,对于大学文化理念、学术研究起到促进作用的出版传播行为。学人办刊现象繁荣于民国时期,是中国现代大学的产物之一,在五四新文化运动前后以北京大学《新青年》《新潮》、东南大学《学衡》《史地学报》《新教育》等刊物的创办为标志,大量涌现。所谓的刊物创办、编辑“主体”有两层意思,一是指在具体运作上,大学学人不仅是刊物的编辑主体,也是资金筹措、市场发行主体。即便获得基金会、校方出版部(组或社)或其他外在力量资助,主体操作权(包括策划、组稿、选稿等)都还在学人手中。二是指它的相对独立色彩。与政治家办刊、商人办刊,以及大学官方的办刊活动相比较,学人办刊呈现出更为超越的民间色彩,对于政见、商业以及服务精神的强调较少,而是直接传达学人群的学术见解或者思想文化主张。在办刊方向上,主要有学术刊物(比如中山大学在傅斯年主持下主办的《国立中山大学语言历史学研究所周刊》《民俗》等专业刊物)和社会评论性刊物(包括政治、思想、文化等不同向度,比如《新青年》

《学衡》等)两大类,对应现代大学学人通过知识生产建构学术共同体与通过舆论影响社会两大自我期许,而后者对中国现代学人而言吸引力更大,产生的影响力也更大。不管是力图建立学术共同体的专业刊物,还是力图对现实发言的评论性刊物,其运作方式以及达到的高度都值得当今大学学人和大学出版人借鉴。同时,在具体的办刊过程中,学人在启蒙与商业、传统与现代、独立与党化之间的调适与自省,也值得我们反思。可以说,学人办刊是“大学出版”的重要篇章,是我们将“大学出版”与中国的现代化进程,尤其是高等教育的现代化进程连接起来的丰富载体。从百年大学出版史的角度权衡,学人办刊与现代大学精神联动最为密切,是中国思想、学术多元化的重要表征。

学人办刊现象繁荣于民国时期,但也不局限于这一时期。往历史中追溯的话,中国传统出版样态中的私刻传统与本书所论的学人办刊有着精神上的渊源。现在的教授群体或研究机构也经常有办刊活动,但在目前我国的刊号管理制度下,往往采用以书代刊方式,多以学术辑刊/集刊形式存在[①];在日本以及中国台湾,学人办出版(包括办刊)仍广泛存在,但在市场竞争环境中大多小众化。需要补充的是,在现在的移动互联环境下,一些学人自主创办、运营的学术和思想文化网站、微信公众号,甚至微电台等,也可以看成学人办刊的变体。

为什么民国以来中国学人自主出版现象会集中在刊物上,并

① 比如陈平原、王守常等学人于1991年到2000年主编的大型人文学术集刊《学人》。该刊由日本国际友谊学术基金会筹备委员会赞助,江苏文艺出版社出版,共出15辑。

且成就斐然,成为民国大学出版的“最突出贡献”[①]呢?陈平原、颜浩等学者有过贴合实际的论述。陈平原指出,民国时期学人发表言论的途径主要有两个方向,“一是学术演讲,一是筹办刊物”,就影响力的大小和持久性而言,“办刊物是学有余力出而经世的独立的知识者介入社会政治的最佳途径”。[②] 颜浩提到,在中国现代化进程中,报章杂志扮演了极为重要的角色,其中期刊因其“无所不包的容量、灵活机动的风格、声名显赫的撰稿人和数量固定的接受群体”,成为“最有价值的舆论工具”。[③] 故而,大学学人在自主出版形式上最青睐办刊,而刊物也成为他们交流学术、传播见解、介入社会的最有力载体。复旦大学历史系章清教授主要通过刊物研究了胡适派学人群以及中国现代自由主义思想,并总结,西方自由主义思想传统往往可从学人经典著作入手研究,而在中国,尤其是民国时期,现代自由主义思想史的重建离开了这些人文刊物,几无从入手。[④] 这也从一个侧面说明了民国学人刊物的重要性。

二、学人办刊产生的动因

学人办刊现象的产生,有内外两方面动因。就外在而言,强调学术自由和学术独立的现代大学是学人群的黏合剂,也是学人办刊得以产生的必要条件。大学的起源可以溯到中国的先秦、西方

① 范军:《略论民国时期的大学出版》,《河南大学学报(社会科学版)》2014 年第 2 期。
② 陈平原:《知识者介入社会的特殊途径》,《书城》1996 年第 3 期。
③ 颜浩:《北京的舆论环境与文人团体:1920—1928》,北京大学出版社 2008 年版,第 1 页。
④ 章清:《“胡适派学人群”与现代中国自由主义》,上海古籍出版社 2004 年版,第 33、34 页。

的希腊和罗马,但现代大学之直接源头则是欧洲中古世纪的大学。[①] 而现代大学与中古大学的根本区别,在于“中古以知识放在宗教的范畴中,现代则把知识放在科学的系统里;中古的生活原则是权威,现代的生活原则是自由”。[②] 不管是 19 世纪初在洪堡(Von Humboldt)等人革新下强调“纯粹”学术,成为世界大学耶路撒冷的德国大学模式,还是二战后形成的狂热求新求变,强调大学作为社会“服务站”的美国大学模式,虽然屡屡遭致宗教、政党、资本的挑战,学术独立、学术自由都是其精神内核:

> 学术自由(academic freedom)是自由的一种。它是根源于“思想自由”的一种特殊形式的自由。学术自由的基本意义,是指大学(或其他高等学府)教师有发表、讨论学术意见而免于被除识之恐惧的自由……这种自由除了受基于理性方式产生的纯学术行规与权威的制约外,不受其他规制或权威的干涉与控制。[③]

中国的现代大学模仿欧洲,尤其是在德国的大学模式真正建立起来之后。1912 年担任中华民国第一任教育总长的蔡元培手订《大学令》,通过评议会、教授会等形式,建构起中国现代大学学术独立、学术自由的总体性框架。在“研究者进行学术讨论有绝对自

---

① 金耀基:《大学之理念》,三联书店 2001 年版,第 1 页。

② 转引自孟承宪:《现代大学的理想和组织》,收入《大学精神》,辽海出版社 2000 年版,第 114 页。

③ 转引自金耀基:《大学之理念》,三联书店 2001 年版,第 172—173 页。

由,丝毫不受政治、宗教、历史纠纷或传统观念的干扰”“对于学说,仿世界各国大学通例,循‘思想自由’原则,取兼容并包主义”[①]等大学发展理念的支撑下,中国的大学在100余年来虽经历极端民族主义、国民党党化教育、“文革”反智主义(anti-intellectualism)、商业主义的侵蚀,但总体上保留了相当程度的自主性,成为思想文化的汇聚之所,“对于游离于政治集团之外的自由知识者而言,大学如同在十字街头建筑的塔,它所能提供的,是进可指点江山、退可优游林下的令人向往的生活方式。”[②]这正是学人得以形成群体和自主办刊必要的外部条件。

就内部条件而言,不管是传统的士,还是近代随着政治与文化转型而形成的新式知识分子(其中,大学学人是其重要组成),在面对现实社会时,都难以放弃“少数人的责任”和“范型式的领袖人物”意识。[③] 这种意识以及由此生出的言论自觉,正是学人办刊现象产生的内因。聚集志同道合的学人出版同人杂志,介入期刊的具体编辑和出版,在传播学术见解、建立学术共同体之外,通过言论干预社会,建构自我的舆论空间,表达群体的政治、思想、文化诉求,“不依傍任何党派,不迷信任何成见,用负责任的言论发表我们各人思考的结果”[④]对于学人而言吸引力巨大。这正是北大学人群出版《新青年》《新潮》杂志,东南大学学人群出版《学衡》《东南论

① 蔡元培:《中国现代大学观念及教育趋向》,收入《民国大学》,东方出版社2013年版,第259页;蔡元培:《答林琴南书》,《公言报》1919年4月1日。

② 颜浩:《北京的舆论环境与文人团体:1920—1928》,北京大学出版社2008年版,第9页。

③ 参见许纪霖:《“少数人的责任”:近代中国知识分子的士大夫意识》,《近代史研究》2010年第3期。

④ 胡适:《〈独立评论〉引言》,《独立评论》第1号,1932年5月22日。

衡》杂志、中央大学学人群出版《国风》《时代公论》杂志,以及浙大学人群出版《思想与时代》等杂志的深层内因。也是在当代中国,陈平原等大学学人继自办大型人文学术集刊《学人》(1991—2000)之后,又在2001至2013年编辑出版北大同人集刊《现代中国》的内在动因。这些当代学人的办刊行为,明显接续着民国以降的学人办刊传统:“如果对上世纪五十年代以来中国报刊、书籍的生产方式有所了解,不难明白《学人》作为独立的集刊出现的意义……这是近年中国思想、学术日趋多元化的前提。”①

需要指出的是,国民党执政期间文宣管理系统的“冲突”与“失灵”也为学人办刊创造了外部条件。国民党有自己很严苛的媒体管理规制,就报纸杂志而言,就从初期相对宽松的注册登记制(1930年《出版法》),转向审查批准制(1932年《宣传品审查标准》、1934年《图书杂志审查办法》、1935年《修正出版法》),还有规定多如牛毛、陷入形式主义的追惩制度,作为执政党,有自己对于“党治”的规定。比如规定很多敏感词,像两面派、革命、团结、解放、阶级、阶层都成了谬误名词。但国民党对于文化教育宣传系统的管制最突出体现在普罗文艺、左翼思想方面,处于中间状态的,不直接威胁其执政的办报办刊活动,基本上处于散漫状态。对于所谓的“党治”没有形成一套体系,经常自相矛盾和东拼西凑,所谓的“党的宣传为民主自由,党的训练为军事化,党的组织为学苏联,内部是中国的”,导致口径往往不统一甚至相左,总体上呈现出北京

① 陈平原:《人文学之“三十年河东”》,《读书》2012年2期。

大学历史系王奇生教授所论“弱势独裁政党”的特征。[1] 这就给不参与现实政治,主要从思想文化入手的学人办刊客观上提供了空间。

三、学人办刊的基本特征

民国以来形成的学人办刊现象,有如下几个基本特征。

第一,学人办刊往往以名牌大学为集聚地。现代政治与文化转型,使得中国知识分子的聚集方式突破了传统的地缘因素,逐渐转向“思想认同”,“知识上的同一趋向”成为维系彼此交谊更为重要的因素[2],而现代大学,尤其是名牌大学在学科建制以及人员遴选上的严格选择机制,使学人群体得以在大学中自然形成。所以,有五四运动中的北大“新青年”学人群,有东南大学“学衡派”、《史地学报》学人群,也有不限于一所高校的“胡适派学人群”等。P. 布尔迪厄在《国家精英——名牌大学与群体精神》一书中深刻地论述了这种“群体关系”:“同类人的持续聚集所促成的群体成员之间和整个群体内部的自爱,就是人们称之为‘群体精神’的真正基础”。“‘群体精神’是个绝非寻常的概念……它意味着一种主观关系:作为混同在生物群体中的社会群体,它的每一个成员都和这个群体

---

① 参见王奇生:《党员、党权与党争——1924—1949 年中国国民党的组织形态》(修订增补本),华文出版社 2011 年版,第 408—409 页。

② 吴麟:《常识与洞见——胡适言论自由思想研究》,中国传媒大学出版社 2010 年版,引言,第 27 页。

保持着联系,并且即时而神奇地与这个群体协调一致。”[①]在所有社会群体中,以大学为基础的群体精神、群体自爱的“协调一致”尤为明显。

第二,学人办刊往往以同人刊物为表现形式。同人刊物一方面有以志趣相连接、追求思想独立的意味,另一方面则表示着在出资方式和经济地位上的相对自主和独立。不同于政治家办刊物之宣传政见,商人办刊之追求利润,也不同于大学校方办刊服务学校学术繁荣促进学术交流,学人办刊多自筹资金进行运作,以群体同人的文章为主,不发稿费和编辑费,从宣传学人群的思想文化观念着眼,绝少商业色彩和“兼容并包”色彩。包括学生自己创办的刊物,比如五四时期北大学生独立编辑出版的三份刊物《新潮》《国民》《国故》,“都是学生自己写稿、自己编辑、自己筹款印刷、自己发行”,且各有主张,可以视作“代表左、中、右三派”。[②] 1918 年成立的新潮社在《北京大学日刊》(1918 年 12 月 3 日)的“成立启事”中便明确宣称:这是一个“同人集合同趣”组成的团体。

第三,学人办刊具有通过知识生产建构学术共同体和通过舆论影响社会两大功能,就其实际影响而言,不仅参与凝定出所在大学的精神气质,同时也往往成为公众舆论的一部分,影响深远。比如说,《新青年》《新潮》是北大变革传统的精神表征,更是整个中国新文化运动的推动力量;《学衡》是东南大学文化保守主义的表征,也是传统文化在中西方之间的一种稳健调适,都越出了大学刊物

---

① P. 布尔迪厄:《国家精英——名牌大学与群体精神》,商务印书馆 2004 年版,第 316 页。
② 冯友兰:《三松堂自序》,人民出版社 1998 年版,第 313 页。

的范畴。学人办刊的这种影响力,也经常使论者忽略它作为大学出版一个重要组成部分的现实,往往从舆论史或思想文化史的角度对这些刊物单独研究。实际上,学人办刊的这种影响力和超越性,正使我们得以管窥大学出版在民族文化建构和中国思想文化现代化进程中的重要性,用更为开阔的视角审视大学出版与大学精神的深层关联,以及大学出版曾经取得的思想高度。对于思考和解决我们当前的大学出版面临的瓶颈和价值观缺失,也是很好的借镜。

四、研究意义与可资借鉴的研究成果

大学出版是一个历史问题,更是一个现实问题。当前不管是转企改制尘埃落定并大有“欣欣向荣”之势的大学出版社,还是头悬改制之达摩克利斯剑的大学学报,都面临着发展的瓶颈与困惑,这也是一些学者、出版人不断反思大学和大学出版本质的原因。从《回归与守望——大学出版的方向》《我们到底在追寻什么》《大学出版与学术创新》《大学出版的可能性》《论大学出版的目标与价值观》等近年发表的论文中,我们不难读出这种欲从源头为大学出版求解的焦虑。确实,不管是改制、技术革新还是薪酬体系、激励机制、管理方式创新,解决的只是大学出版之术,到一定程度,有自省能力的出版人和学者自然会上升到道的层面,从文化、精神、气质等方面为大学出版上下求索。正如蔡翔教授所言,大学出版的问题,必然还是大学的问题,是大学办学理念的问题,更是教育制度的问题。不回到大学这个母体,廓清大学的理念和现代大学精神,谈论大学出版必然局限于“术”。[①] 在大学出版的发展瓶颈中辨析、论述我国百年大学出版史中的学人办刊现象,一方面有助于重建大学出版的自信,通过学人办刊呈现大学出版曾在何种程度上参与建构中国的学术共同体,凝定大学的精神气质;另一方面则有助于接续大学和大学出版的传统,即学术独立和学术自由,这正是“道”之所在。

本文力图拓展大学出版的内涵,以民国时期中央大学学人群办刊活动为个案,在中国百年现代大学史背景下,探讨中西文化理念交汇、激荡中的“大学精神”与作为重要文化建构力量的“大学出版”之间的关系,意义体现在三个层面:

其一,拓展大学出版的讨论空间,将民国时期以大学学人为创办、编辑主体,对大学文化理念、学术研究起到促进作用的出版传播行为纳入“大学出版”范畴,通过史料的整理、重述与辨析,丰富大学出版的内涵与外延。

其二,当下中国的大学出版社和学报正面临“往哪里去”的问题,在文化、学术与体制、市场之间难以调适。在此背景下,本书不急于开药方,而是选择梳理、辨析国人对于“大学精神”的表述,通过呈现中央大学学人群经由办刊活动体现的在传统与现代、独立与党化、学术与政治之间的调适,以史为鉴,为当代大学出版人和学人提供参照。

---

① 参见蔡翔:《大学出版发展战略研究》第 3 章“大学出版的目标与价值观”,中国传媒大学出版社 2008 年版。

其三,在大中华文化观下,整合、思考海峡两岸的大学与出版文化。中央大学学人群随着国民党政权败退而星散,但其主体仍在台湾以"智囊"和"国士"身份继续发挥影响,影响到台湾的大学发展和出版业风貌,辨析这种历史关联,有利于从文化传播角度建立海峡两岸的互信与理解。

本书可资借鉴的相关研究和资料包括教育史、思想史、出版史等领域,具体包括四个方面。首先是关于大学精神与大学理念的相关研究和资料:弗莱克斯纳:《现代大学论》,浙江教育出版社2001年版;奥尔特加·加塞特:《大学的使命》,浙江教育出版社2001年版;唐纳德·肯尼迪:《学术责任》,新华出版社2002年版;金耀基:《大学之理念》,三联书店2001年版;约翰·亨利·纽曼:《大学的理想》,浙江教育出版社2001年版;金以林:《近代中国大学研究》,中央文献出版社2000年版;布尔迪厄:《国家精英——名牌大学与群体精神》,商务印书馆2004年版;钟叔河、朱纯主编:《过去的大学》,长江文艺出版社2005年版;谢泳:《西南联大与中国现代知识分子》,福建教育出版社2009年版;易社强:《战争与革命中的西南联大》,九州出版社2012年版;陈平原先生编著的《中国大学十讲》《北大精神及其他》《北大旧事》《老北大的故事》《大学何为》;许美德:《中国大学(1895—1995):一个文化冲突的世纪》,教育科学出版社2000年版等。借鉴这些关于大学的宏观论述,可为本书的论述建立一个较为开阔的讨论背景,将学人办刊这个出版行为纳入大学史和思想史的视域之内。

其次是关于大学出版、大学与出版传播关系的研究。由于"大学出版”概念的提出主要针对新中国成立之后成立的大学出版社和学报而言,故而在论述民国时期大学中的出版传播现象时,尚未有研究将之纳入“大学出版”的范畴来考量,但对于大学与出版传播关系的论述,有不少研究涉及,比如钱理群先生主持的“20 世纪中国文学与大学文化丛书”,其中黄延复《二三十年代清华校园文化》、姚丹《西南联大历史情境中的文学活动》(广西师范大学出版社 2000 年版)谈到大学出版活动与文学、文化生产的关系,可以参考。值得一提的是,董中锋的硕士论文《作为教会大学的华中大学出版活动研究》(华中师范大学 2009 年硕士学位论文)直接涉及大学出版活动与大学精神建构的关系。在论述《新青年》《独立评论》《语丝》《现代评论》《新月》《学衡》等近现代史上重要的刊物,论述商务印书馆等文化悠久的出版社时,论者也时有讨论这些刊物或出版社与大学、与大学学人群千丝万缕的关联,论及大学与大学精神对于出版传播与文化建构的重要性,可以参考。涉及当代大学出版的研究,主要参考阅读蔡翔:《大学出版发展战略研究》(中国传媒大学出版社 2008 年版),肖启明:《大学出版精神与大学出版社的发展——中国大学出版发展文化研究》(广西师范大学出版社 2008 年版)。论文参考刊于《现代出版》的肖东发《大学与出版在中国》,范军《大学出版与学术创新》,蔡翔《回归与守望——大学出版的方向》《我们到底在追寻什么》,谷俊明《美国大学出版:困境、转型与启示》,张耀铭《“清华学报”现象》等,刊于《出版科学》的张志强《大学出版的可能性:大学与大学出版的互动》,潘利梅、赵保全《文化视域下的大学精神与大学出版发展研究》,刊于《中国图书评论》的吴燕《大学精神的旁落与大学出版精神的崛起》,刊于《编辑学刊》的贺圣遂《大学出版与出版大学》等。

第三是关于中央大学及其学人群的研究。关于中央大学(包括其前身南京高师、东南大学)及其学人群的研究,主要集中在对于“学衡派”的研究上,2003 年至今相关博士、硕士论文有十来篇,但最值得参照的还是高恒文:《东南大学与“学衡派”》(广西师范大学出版社 2002 年版);沈卫威:《回眸学衡派——文化保守主义的现代命运》(人民文学出版社 1999 年版)和《“学衡派”谱系——历史与叙事》(江西教育出版社 2007 年版)这几本专著。陈宝云:《学术与国家:〈史地学报〉及其学人群研究》(安徽教育出版社 2010 年版)突破了谈南京高师、谈东南大学只论述学衡派的框架,提出“史地学报”学人群的概念,有新意,但究其精神内涵,与学衡派是一致的。许小青:《从东南大学到中央大学——以国家、政党与社会为视角的考察(1919—1937)》(华中师范大学 2004 年博士论文)谈及中央大学的沿革和组织系统,为我们考察中央大学的学人群办刊活动提供了大的背景。本人的《民国官营体制与话语空间——〈中央日报〉副刊研究》(中国传媒大学出版社 2012 年版)在论述知识阶层与官营体制的互动时,重点谈及中央大学学人群的出版传播活动及其言论主张,但限于主题,未能充分展开论述。针对刘伯明、柳诒徵、胡先骕、梅光迪、吴梅、张其昀、罗家伦、缪凤林、景昌极等中大学人个人的研究,均有参照价值,此处不一一列出。关于本书论及的中大学人群所办《学衡》《文哲学报》《国学论丛》《东南论衡》《国风》《时代公论》《思想与时代》诸刊的专门研究,本书在具体论述时会自然带入。

第四是关于国民党文化、出版管制以及教育方针的研究。本书重点参照王奇生:《党员、党权与党争——1924－1949年中国国民党的组织形态》(上海书店出版社2003年版),倪伟:《“民族”想象与国家统制——1928－1949年南京政府的文艺政策及文学运动》(上海教育出版社2003年版),本人的《民国官营体制与话语空间——〈中央日报〉副刊研究》(中国传媒大学出版社2012年版)这三本专著,并辅以民国史(费正清主编:《剑桥中华民国史》,上海人民出版社1992年版;李新主编:《中华民国史》,第二编第五卷、第三编第二卷[上、下]、第三编第五卷、第三编第六卷)和出版史(张静庐辑注:《中国出版史料》[全8册],上海书店出版社2003年影印本;宋原放主编:《中国出版史料》现代部分,山东教育出版社2001年版)的相关资料。

在整体的框架设计上,本书引论综述民国时期学人办刊现象,并总结大学出版视野中学人办刊的概念、形式与分类,在宏观上展现学人办刊的整体面貌。第一章论述中央大学学人办刊作为个案研究的价值,并从学人刊物与学人谱系的角度,对中大学人办刊活动进行整体梳理。第二章和第三章以《学衡》《国风》《时代公论》等影响较大的中大学人刊物为中心,从论学和论政这两个最能观测学人立场与抱负的话题阈入手,分析中大学人通过办刊活动对学术共同体的建构以及对社会舆论的影响。第四章回归当下的大学与大学出版话题,以学人办刊传统与内在精神为准绳,对大学的逻辑与大学出版的方向作出探讨,并尝试给出发展之策。

第1章

学人刊物与学人谱系:以民国中央大学为中心

在我国百年大学出版史上,学人办刊现象与现代大学精神联动最为密切,是大学出版的重要组成部分,也是中国思想、学术多元化的重要表征。学人办刊呈现出大学出版在建构学术共同体、凝定大学精神等方面达到的高度;彰显了大学和大学出版的内在精神,即学术独立和学术自由,这是大学出版乃至大学的根本。

引论谈及,学人办刊往往以名牌大学为集聚地。北大《新青年》学人群、《新潮》学人群,东南大学"学衡派"、《史地学报》学人群、《国风》学人群、《时代公论》学人群,浙江大学《思想与时代》学人群等,都是思想史、教育史、出版史关注的热点。他们赖以集聚的刊物和大学,以学术志趣和理想抱负为纽带,成为拥有共同话语系统的平台;他们以大学为基点的办刊活动,丰富着现代大学的本质与内涵。在民国时期涌现出的学人自主创办,代表自己文化、学术主张的刊物中,中央大学(包括其前身南京高师、东南大学)学人群及其办刊活动有丰富的个案价值。他们对大学精神的表述,在启蒙与商业、传统与现代、独立与党化之间的调适,既有可参照之处,也有该规避的地方。他们在中央大学不同发展阶段的办刊活动,呈现出现代大学与国家、与政党、与社会的关联方式。有学者总结 1930 年代“中国的杂志界”,将其分成政府机关出版的公报一类的杂志、政府所办文化机关的杂志、大学出版的杂志、学会出版的杂志、行业机关的杂志、政论社的杂志、书店或出版社的杂志等几类,谈及大学出版的杂志,则认为“当推北京大学和东南大学为开风气之先”。[①] 这也从一个侧面表现出对中央大学学人群办刊活动展开研究的意义。

华中师范大学历史学博士许小青 2009 年出版《政局与学府——从东南大学到中央大学(1919—1937)》一书,章开沅先生在序言中提出,回顾百年来中国大学的风雨历程,可以看出大学在人世间绝对不是孤立的存在,它无时无刻不与国家、政党与社会密切相关;研究大学的历史,既要研究大学的内部结构,也要研究大学的外部环境,特别是研究大学与环境之间的互动关系。本书研究的民国时期中央大学学人群办刊活动,是以 1928 年“中央大学”正式命名到 1949 年(国民党政权从大陆败退、中央大学更名南京大

---

① 毕树棠:《中国的杂志界》,《独立评论》第 64 号。

学)这个时间段为中心,同时向前溯及中央大学前身南京高等师范学校(简称“南高”)和东南大学(简称“东大”)阶段学人群办刊活动,向后延展到部分随着政局变迁星散到台湾的中央大学学人的办刊办学活动。从中国现代大学史的维度看,中央大学最鲜明的特征便在于它与政局和时局的密切关联,在国家、政党与社会的结构网络中,它从“偏居”东南一隅到演变为备受执政党关照的首都最高学府,这个过程本身便使中央大学成为观测“政局与学府”的最典型案例。研究中央大学学人群办刊活动的切入点和理论价值,首先在时局、政局与大学的关联中,但这种关联是在大学发展的脉络中,以文化的名义或形式发生、发展、流变的,学人办刊是其中极为重要的一种形式。

一、学人办刊中的“东南”“南高”精神

民国以前,南京在中国教育界占有比较重要的地位。在晚清救亡图存大潮中,南京在曾国荃、张之洞、左宗棠等人的主持下兴办了一系列军事和技术学校。鲁迅和周作人早年便在南京求学,从这里开始接触新学,接受西方思想的影响。南京近代高等学校,可追溯至 1898 年在江南储才学堂基础上创办的江南高等学堂;1902 年又有三江师范学堂之设(1905 年更名为两江优级师范学堂);1910 年美国教会合并汇文书院和宏育书院,创办了金陵大学。1914 年 8 月南高在两江师范学堂基础上创办,1921 年经校长郭秉文的四方游说,以及张謇、蔡孑民、王儒堂、蒋梦麟、穆藕初、沈信

卿、黄任之、江易园、袁观澜等九位东南名流的联名倡议，南高改名东大，成为民国初年继北京大学之后的第二所国立大学。《国立东南大学缘起》[①]处处显示着“东南”人士的身份自觉，所谓“数百年来东南魁宿侨居此都，其流风余韵足以振发学者之理想”，“吾国学术向多倡自东南”，“使东南有一完备之大学，为焕发国光吐纳万有之地，非独可以融贯群言，作吾国社会之准的，充其所得且将贡输于各国，植吾国于世界大学之林”等，都有不甘落于京津之后，而欲与之在文化上一较短长之意。南高、东大成立过程中的这种“东南”意识，在一定程度上影响到它在文化、文学运动中的表现，最集中的表现便在五四新文化运动中。北京大学与东南大学一南一北，给时人留下“北大重革新，南高尚保守”的印象，对于新文化运动的态度，两者各持己见。用钱穆的事后追忆讲，就是“民国初年以来，陈独秀胡适之诸人，先后任教于北平北京大学，创为《新青年》杂志，提倡新文化运动，轰动全国。而北京大学则为新文化运动的大本营所在。民国十年间，南京中央大学诸教授起与抗衡。宿学名儒如柳诒徵翼谋，留学英俊如吴宓雨生等，相与结合，创为《学衡》杂志，与陈胡对垒”。[②] 南高/东大是南京第一高校，其师生在新文化运动中的姿态以及形成的风气与传统，深刻影响了首都南京的文化氛围，并在民国时期延续着这种影响力。

在南高、东大学人群创办的重要刊物中，《学衡》与北大的《新

---

① 载《申报》1920年12月20日。

② 钱穆:《纪念张晓峰吾友》，收入《张其昀先生纪念文集》，台北中国文化大学出版部1986年版。

青年》针锋相对,其核心人物吴宓、梅光迪、胡先骕等持文化保守主义,对新文化运动不以为然。《文哲学报》与《学衡》,大体类似于《新潮》与《新青年》的关系,该刊在 1922 年 3 月紧随《学衡》发刊,由南高文学研究会和哲学研究会联合创办,"以同学为主体"①,缪凤林、景昌极、胡士莹、王焕镳等人是其中的主力,《晨报》上曾有文章"骂《文哲学报》是《学衡》的孙子"②,而文哲学报同人之竭力反对新文化运动,也标明自己确实属于"学衡"一脉。国文系师生发起"国学研究会",并发行《国学丛刊》杂志,其指导员为国文系教授陈钟凡、顾实、吴梅、陈去病和历史系教授柳诒徵,"国文学教授不是国学专家便是'南社'词章人物,训练学生作校勘、训诂和文言诗词"③,《国学丛刊》以"整理国学,增进文化"为宗旨,大有上承晚清章太炎等人创办的《国粹学报》之势,与新文化运动道不同不相与谋。历史、地学系师生组织了"史地研究会",形成了"史地学派"④,其会刊《史地学报》也是东大学人群重要的刊物,"史地学派"与学衡派在人员上你中有我,我中有你的状态使论者习惯将它们统一讨论。相对被忽视的是《东南论衡》杂志,它于 1926 年 3 月正式发刊,1927 年 1 月出版 30 期后停刊,由东大"东南论衡社"编辑发行,经常在"文苑"栏发表作品的有胡先骕、吴梅、王玉章、厉小通、卢冀野等东大的师生,有人质疑《东南论衡》的得力干将卢冀野:"今之学术界,思想固有南北之歧,文字亦因之大异。君不见北方某名家

① 《发刊要旨》,《文哲学报》第 1 期,1922 年 3 月。
② 景昌极:《随便谈谈》,《文哲学报》第 2 期,1922 年 7 月。
③ 转引自高恒文:《东南大学与"学衡派"》,广西师范大学出版社 2002 年版,第 148 页。
④ 参考吴忠良:《南高史地学派研究》,华龄出版社 2006 年版。

某博士之著作,何一非晓畅爽利代表时代之作品。而如君等之论衡,故为艰深之修辞,其有复古之意,而甘心迷恋骸骨乎?”[①]这种质疑点出《东南论衡》自觉与“北方”抗衡之意,其创刊主旨标举的“不偏不党”与《学衡》标举的“无偏无党,不激不随”有着精神上的一致性,而《东南论衡》再三为《学衡》打广告也表现出两者关系的密切[②]。

在《学衡》《国学丛刊》《史地学报》《文哲学报》《东南论衡》这些南高/东大的重要刊物中,有着一种内在的、共通的精神。可以用“东南”意识或者“南高”精神来表述。“东南”的表述也绝非偏居一隅,而是和“南高”学人的文化抱负一致,有与新文化运动的潮流争文化正统性的意味。1935年,中大“国风社”学人创办《国风》杂志,发表了《南京高等师范学校二十周年纪念刊》[③]。该纪念刊鲜明地标举“南高精神”,可以统摄上述“内在的、共通的精神”。在他们的回溯性表述中,“北京方面的新文化运动起了,南京方面也未尝故步自封,却自有其不激不随中正不倚的主张”[④],“北都新文化运动炽盛之际,南中学者,固不乏头脑冷静,淡于荣利之士”[⑤]等,都指向这种与北方新文化运动相比自成特色的“南高精神”。

这种文化立场不能用保守或传统一以概之,在后面的章节中本书将进一步论述。在南高/东大学人办刊活动中,除了《学衡》

---

① 卢冀野:《所望于今之执笔者》,《东南论衡》第28期,1926年12月25日。
② 《东南论衡》第25至29期上均有《学衡》杂志的广告,是该刊广告中出现频率最高的。
③ 《国风》第7卷第2期,1935年9月;第8卷第1期,1936年1月。
④ 景昌极:《民国以来学校生活的回忆和感想》,《国风》第7卷第2期,1935年9月。
⑤ 景昌极:《新理智运动刍议》,《国风》第8卷第4期,1936年4月。

《国学丛刊》《史地学报》《文哲学报》《东南论衡》等主要从文化历史等角度展开的刊物外，还有以“传播科学知识，促进实业发展”为宗旨的中国科学社同人创办的《科学》杂志。“科学社”成员先后来东大任教的，以及东大教师参加科学社的有文理科主任孙洪芬、教育科主任陶行知、工科主任茅以升、农科主任邹秉文、西洋文学系主任梅光迪、数学系主任熊庆来、哈佛大学农学博士胡先骕等30余人，在从美国迁至南高/东大后，在该校形成人文和科学融通并举的学术氛围。

南高/东大时期，从学校层面展开的出版活动也值得一提。民国时期，在一些著名的综合性大学中往往有出版委员会的设置，统筹大学的出版事宜，包括著作、刊物以及教材的印制出版。大学出版史中提得较多的是北京大学的出版委员会，五四运动后通过的《国立北京大学内部组织试行章程》将北大分为评议会、行政会议、教务会议、总务处四部。其中出版委员会于1919年设立，下设在行政会议下，首任委员长为胡适，委员有李辛白、张相文、钱玄同、陶履恭、王星拱、张大椿、陈衡哲等教授。成绩相对可观(在1922年北京大学25周年校庆展览中，出版品部展示了北大师生出版的163种学术著作，108种讲义，19种杂志，20种报纸。[①])。南高/东大其实也早有比较完备的出版委员会，下设于校务会议，出版委员会的主任是刘伯明，委员则有杨杏佛、陶行知、柳诒徵、胡步曾、李仲霞等教授。刘伯明(1887—1923)，名经庶，字伯明，以字行，江苏南京

① 转引自范军:《略论民国时期的大学出版》,《河南大学学报(社会科学版)》2014年第2期。

人。1911年赴美留学,获哲学博士学位。时任南高/东大副校长兼文理科主任,和出版委员中的柳诒徵一样,是学衡派的核心成员。由此可见,本书论及的学人办刊与学校层面主持的出版活动在精神内核上有着相对一致性,均为大学出版事业的组成部分。

二、学人办刊中的“中央”意识

1927年国民革命军接收东大,东大经历了短期的定名风波,相继有“第四中山大学”“江苏大学”之称,1928年5月国民政府行政院在综合考虑各方意见后,作出江苏大学改称“国立中央大学”的决议。冠以“中央”字样,使这所大学与首都、与国家有机地结合起来,也与南京中央政府有了休戚与共的感觉。更名后的首任校长张乃燕在上任后多次表述这种“中央”意识,认为“中央大学为首都最高学府,精神物质,关系中国与世界文化,至重且巨”,“规模宏备,为国内各大学冠,且地处首都,蔚然为全国学术教育之中心”;继任校长朱家骅则进一步从这所大学与执政党的关联上强化“中央意识”[①]:

> 我们国立中央大学,对于本党中央的嘱望,对于国家和中国民族的独立、文化的复兴,尤其负有特殊的使命。本校是创立在中枢所在的首都,我们知道一个国家的首

---

① 张乃燕与朱家骅的相关表述,转引自许小青:《政局与学府——从东南大学到中央大学(1919—1937)》,中国社会科学出版社2009年版,第121—122页。

都,不但是全国的政治首善之区,也是全国文化的核心。一切学术的昌明,文艺的进步,经济的发展,政治的改良,多从全国荟萃到首都,更由首都融会贯通,而撒播到全国,一个大学,是为国家培植发展一切文化的储才机关,尤其是首都的大学,处在全国文化中心的地位,更负有领导群伦,掌握全国文化总枢纽的责任……

从南高、东大到中央大学的命名变化,对于教授和学人而言,影响自然也有,但比校长淡些,表述方式也更为含蓄。比如,在南高/东大旧人眼中,南高、东大、中大乃“一线相承”,没有实质性变化:

自南高以至中大,学校名称虽经数易,而学校内容实一线相承,绝少变异;凡治于此者,不论时间先后,多具同一之好尚;自社会旁观之批评言之,则此校自南高以至中大,亦具有同一学风……①

1930 年代中大“国风社”成立,以柳诒徵、缪凤林和张其昀等学人为骨干,和南高、东大阶段的学衡派、史地学派等人员多有重合。他们成立国风社,便有重振南高精神、主动上承南高/东大的意图,在学术文化上传统与保守的姿态和 1920 年代“一线相承”,对新文

① 胡焕庸:《南高精神》,《国风》第 7 卷第 2 期,1935 年 9 月。

化和新文学运动不以为然。

《国风》从1932年9月出版至1936年12月,共出8卷85期,由中央大学国风社创办,社长是柳诒徵,编辑则有张其昀、缪凤林、倪尚达等人,撰稿者以中大文史地科教授为主。《国风》延续着《学衡》等刊物对新文化运动的反对姿态,其宗旨“发扬中国固有之文化”“昌明世界最新之学术”,与《学衡》的“昌明国故,融会新知”也有相似之处。《国风》中的三个特刊,孔子诞辰特刊、刘伯明先生去世九周年纪念特刊、南高二十周年纪念特刊,均把新文化运动视为自己的对立面。[①] 在孔子纪念特刊中,有梅光迪的《孔子之风度》、柳诒徵的《孔学管见》、缪凤林的《谈谈礼教》、郭斌龢的《孔子与亚里士多德》等文章。梅光迪在文中描绘了一个“蔼然可亲意味深长”的孔子形象,指斥揶揄孔子、掊击孔子者为挟“一知半解之舶来学说”的“乳臭儿”;柳诒徵则在文中嘲笑“专打孔家店呵斥孔老头子者”是“自暴其陋劣”,认为孔子教义在一般平民中浸润至深,而“自居为上流社会能改革风气之人物,以推翻成案,打倒偶像为高,纵欲败度,无恶不作”,他建议青年放弃所谓的“主义”而“学孔子之学”;郭斌龢在1931年曾作《新孔学运动》演讲[②],认为中国向以孔子立国,孔子是中国的国魂,三十年来孔学为新派摧残至一蹶不振,思想界陷入一种无政府状态,内乱外侮源源而来正与此相关,应该提倡“新孔学”并以之作为“一切改革之原动力”,在《国风》的

① 分别载《国风》第1卷第3期(1932年)、第1卷第9期(1932年)、第7卷第2期(1935年)。

② 郭斌龢:《新孔学运动》,《大公报·文学副刊》1931年11月2日。

文章中,他再次强调“昌明孔学为起衰救弊之惟一方法”。在刘伯明先生纪念刊内,有梅光迪的《九年后之回忆》、胡先骕的《中国今日救亡所需要之新文化运动》、张其昀的《刘伯明先生逝世纪念日》等文章。梅光迪认为刘伯明主持的东大文科,“学风之优良,为全国第一”,对于学衡同人针对“流行偏激之主张”展开的“针砭”,梅颇为得意;胡先骕的文章非常尖刻,他指出“吾国国势所以至此”,最大的原因“厥为五四运动以还,举国上下,鄙夷吾国文化精神之所寄,为求破除旧时礼俗之束缚,遂不惜将吾国数千年来社会得以维系,文化得以保存之道德基础,根本颠覆之”,要挽救国势,改变人心浇漓和国本动摇的状态,必须提倡一种“较五四运动更新而与之南辕北辙之新文化运动”,对政府当局之反对新文化运动,胡颇为庆幸。南高二十周年纪念号则是对“南高精神”的总结以及对新文化运动的清算。五四以还,“独南高仍保持其朴茂之学风,屹然如中流砥柱”,“当举世狂呼打倒孔家店,打倒中国旧文化之日,南高诸人,独奋起伸吭与之论辩”,“北京方面的新文化运动起了,南京方面也未尝故步自封,却自有其不激不随中正不倚的主张”①等表述都流露出南高学人以民族文化承续者自居的心态。

《国风》学人群的“中央”意识表现在:试图以与新文化运动、与北京大学抗辩的姿态,为中央大学的文化立场正名,力图取得民族文化的正统地位。这种“中央”意识,与 1920 年代南高/东大阶段的“东南”意识或“南高”精神本质上是一种延续和深化关系,而非断

---

① 郭斌龢:《南京高等师范学校二十周年纪念之意义》、景昌极:《民国以来学校生活的回忆和感想》,《国风》第 7 卷第 2 期,1935 年 9 月。

裂,是随着大学命名的变化产生的学人心态调整。而取得执政党地位的国民党,不管从政党的文化源流,还是从执政的文化理念和举措上看,都与中大学人的这种文化立场深度契合。就尊孔这项而言,远的则有十数年前学衡同人对孔子和孔学的捍卫,近则有1932年秋《国风》杂志的孔子特刊,随后政府方面便“尊孔之说洋洋盈耳,见诸命令,形诸祀典,与新生活运动相表里”。对于这种契合或者说影响,学衡派旧人颇为自得①。从对新文化运动的态度讲,1932至1937年政府方面对之极为冷漠,这和《国风》中呈现的姿态也是一致的。政府当局与中大教授,尤其是秉持“南高精神”者关系不错,叶楚伧邀请柳诒徵主编《首都志》,陈布雷延请张其昀加入国民党,中大“吴门”(吴梅)弟子如唐圭章、卢冀野,“柳门”(柳诒徵)弟子张其昀、郑鹤声、胡焕庸、段熙仲等常为国民党中央党报撰稿,都表示双方关系的融洽。

《时代公论》是1930年代中央大学另外一份具有代表性的刊物,从1932年4月1日出版至1935年3月22日,为周刊,共出156期,由杨公达主编,张其昀任总发行人②,撰稿者以中大法学院教授为主。和《国风》杂志相比,《时代公论》属政论性刊物,带有直接为政府献策的意味。它以“供国人以发表自由思想之机会,俾于国事稍有贡献”为宗旨,自称“所有评论均系独立不羁之作,文责由作者自负”,但和胡适、蒋廷黻、丁文江、傅斯年、翁文灏等人创办的、同

① 郭斌龢:《南京高等师范学校二十周年纪念之意义》,《国风》第7卷第2期,1935年9月。

② 张其昀在《时代公论》出至第18号(1932年7月)时因“与友人创办钟山书局”,辞去《时代公论》总发行职务。

样强调独立与自由精神的《独立评论》相比，与执政党关系更为亲近，谏士的意味更浓。在该刊上，张其昀对“士流政治”的强调、对“士联式”入党的提倡已显示出参政的热情①，杨公达、梅思平、萨孟武等人则直接为国民党出谋献计。梁实秋曾将该刊的立场大致归纳为“承认国民党专政”而“徐谋改良”②。《时代公论》主编杨公达在休刊时总结办刊主旨：“愿我们读者不要完全忘记了我们三年来的主张：于党要求恢复总理制，于国要求组织强有力的政府，于教育以适合国民生活之需要为方针，于社会厉行救济事业……”③从中可见，该刊以政论为主，兼及经济、教育、社会等方面的内容。

在学人群自主办刊活动外，中央大学校方也利用自己作为首都最高学府的优势，采取聘请著名学者、专家讲学，优化课程，调整院系等方式提升大学的学术氛围和科研气氛，以和“中央大学”的身份匹配，创办学术刊物也是其中重要的一项举措。张乃燕任校长期间，倡导学术研究之风和自由讨论，积极鼓励和扶持学术刊物的出版，认为“学术之有刊物，所以探讨学术，贡献心得，求友艺林，商兑意见者”④。以学校名义出版有《国立中央大学半月刊》⑤，同时还鼓励各学院出版专业刊物，比如文学院的《艺林》，理学院的《中国植物图谱》《中国植物名录》，法学院的《法学院季刊》《法律系季

---

① 张其昀：《中国国民之分析与民治之正轨》，《时代公论》第6号，1932年5月6日。

② 梁实秋：《〈独立评论〉、〈时代公论〉、〈鞭策周刊〉》，《新月》第4卷第3期，1932年10月，署名李敬远。

③ 杨公达：《休刊的话》，《时代公论》第156号，1935年3月22日。

④ 张乃燕：《国立中央大学半月刊》序，见该刊第1期(1929年1月)。

⑤ 《国立中央大学半月刊》1929年创刊，1931年停刊，共出版两卷24期。随着校长的变动(朱家骅1930年底接替张乃燕任中央大学校长职)而停刊。

刊》,教育学院的《教育季刊》等。罗家伦任校长期间,以学校名义公开发行的学术刊物,一是国立中央大学学术丛刊,分为《文艺丛刊》《自然科学丛刊》《社会科学丛刊》《教育丛刊》《工学丛刊》《农学丛刊》六种,“每年每种进行两册,以登载专门研究之著述为限”;二是国立中央大学学术专篇,把“有特别贡献之著述”印成单本。另外,还支持创办了一系列的学生刊物,包括《新文化月刊》《大学生言论》《校风》等。[①] 这些出版活动和学人办刊相互呼应,营造了大学之为大学的学术气氛和自由探讨的氛围。

三、时局变迁中的学人办刊

从以上两节的梳理可以看出抗战前中央大学学人群办刊的基本脉络。1920 年代,中大在南高/东大时代以《学衡》为主力,汇聚了《国学丛刊》《史地学报》《文哲学报》《东南论衡》等刊物,欲与“北都新文化运动”形成分庭抗礼之势,争取文化的正统地位。1930 年代,中大文科以《国风》杂志为旗帜,相继刊出孔子诞辰特刊、刘伯明先生去世九周年纪念特刊、南高二十周年纪念特刊等,继续标举不同于新文化运动的“南高精神”,这种精神与南京政府在 1930 年代的文化举措之内在精神颇为契合,参与了“本位文化”语境的营造;1930 年代的《时代公论》则以谏士与谋臣的身份主动为政府上言献策。这些办刊活动,从各自的角度昭示出民国时期中央大学

① 参考许小青:《诚朴雄伟 泱泱大风——中央大学校长罗家伦》,山东教育出版社 2012 年版,第 191 页。

学人在"学"与"仕"之间思考的方式和角度。在从南高/东大到中大的变迁过程中,经由中大学人群的办刊活动也可看出一条逐渐与政治贴近、合流的轨迹,对于大学、学人和社会的思考也逐渐从坐而论道的人文主义转向更为迫切和现实的民族主义。

抗战八年,国都沦陷,中大同人也随之星散,其中竺可桢、梅光迪、张其昀、郭斌龢、景昌极、缪凤林、王焕镳、任美锷、李旭旦、楼光来等集中于贵州遵义的浙江大学,并以张其昀为主编,联合浙江大学、北京大学、中央大学、云南大学的教授,出有《思想与时代》[①]杂志,他们提倡"科学时代的人文主义"[②],"一以发扬传统文化之精华,一以吸收西方科技之新知,欲上承南高、东大诸教授创办《学衡》杂志之宗旨,以救世而济民"[③],重视对时代思潮与民族复兴关系的探讨,对南高、东大文科对待新文化运动与传统思想文化的态度有所延续,并有所拓展。汪东、胡小石、汪辟疆、卢冀野、唐圭章等国文系师生则随中大迁至重庆,卢冀野在抗战中主编由监察院院长于右任创办的《民族诗坛》[④]杂志,汇聚中大师生诗词作品,撰写其师吴梅事略以及学衡旧人吴芳吉评传,并重行组织"潜社",在"曲录"栏刊出"潜社渝集",时代的激荡已将当日秦淮河畔的诗酒风流化作中兴鼓吹之气,但《民族诗坛》与东大文科的风气还保持

① 《思想与时代》,1941年8月创刊于贵州遵义的浙江大学,出版至1945年2月第40期停刊,1947年1月在杭州浙大复刊,出至1948年11月第53期终刊。

② 张其昀:《复刊辞》,《思想与时代》第41期,1947年1月。

③ 张晓峰先生治丧委员会撰:《鄞县张晓峰先生其昀行状》,台北:《传记文学》第47卷第3期,1985年9月。

④ 《民族诗坛》,月刊,1938年5月创刊于汉口,自1938年10月第1卷第6辑起迁至重庆出版,1945年12月出至第5卷第5辑后终刊,共出29期,由重庆独立出版社发行。

着一定的延续性。

接下来便是1945年抗战的胜利以及政府机关、高校的还都,在马星野的盛情邀请下,卢冀野“下海”[1]主编《中央日报》副刊。《泱泱》于1946年1月16日创刊,出版至1948年11月29日,共646期,这是卢全力编辑的副刊。可以说,《泱泱》与1920年代的《学衡》《国学丛刊》《史地学报》《文哲学报》《东南论衡》,以及1930年代的《国风》等,基本上属同一谱系,即欲与倡导新文化运动的“北大”相抗衡的“南高”谱系,和抗战时期的《民族诗坛》《思想与时代》等刊也在一定程度上同气相求。

1949年后,部分中大学人到了台湾,其中最为典型的便是张其昀。张其昀南高毕业,之后又长期在中大任教,与本书论及的学人刊物多有交集,是重要的撰稿人,同时也是创办者。《学衡》学人群、《史地学报》学人群、“国风社”学人群、《时代公论》学人群等,他均为重要成员,在中大学人谱系中属于承上启下的活跃分子和灵魂人物。到台湾后,受到蒋介石重用,相继出任国民党“中央宣传部部长”“教育部长”;创办“中国”新闻出版公司;创立中华文化出版事业委员会,出版《新思潮》(后改名《思想与时代》)《学术季刊》等刊物,邀请大学学人撰稿,延续着学人办刊的传统和立场;甚至从学人办刊走向学人兴学,创立私立的中国文化学院(后改为中国文化大学),创办的重要刊物包括《美哉中华》画刊、《文艺复兴》月刊、《创新》周刊、《华学月刊》、《华岗学报》、《世界华学季刊》等,在

---

① 参见卢冀野《丁乙间四记》之《还乡日记》,《卢前笔记杂钞》第380页,中华书局2006年版。

台湾当时的大学中刊物是“最完备”“首屈一指”的，出版规划整饬、“发达”。[①] 张其昀对大学、对文化、对出版的基本立场是一以贯之的，深受南高求学阶段刘伯明、柳诒徵、竺可桢三位学人的影响，打上了很深的“南高”烙印。在台湾，他通过不同场合追溯南高—东大—中大的历史，为其争文化的“正统”“正宗”或“道统”。认为中大是“中国现代儒学复兴运动的一个策源地”，对待中国历史文化“有中流砥柱的气概”，中大倡导的这种“儒学复兴”是“中国真正的文艺复兴”；认为中大学人注重“精思力践”“知行并重”“以功业之建树，征学说之虚实”。[②] 他到台湾后的办学办刊活动，内在精神与中大学衡派、国风社等一脉相承，是中大学人在台湾一隅争得“正统”“道统”后对在大陆时期文化活动的延展。出版事业（包括办刊行为）是张其昀等学人介入政治与文化的重要方式。即便到台湾直接介入政治，甚至担任要职，也是在“书生”和“学人”的范畴内，仍把出版当作安身立命的途径。据身边同人或弟子回忆，“他（张其昀）的最高兴趣，是读书、写作（包括著作和论文、短文）、发表著作与出版事业”[③]；“在他的一生中，从求学、治学、教学、讲学、兴学、办学，都离不开一个‘学’字，就是在从政期间，担任台湾最高行政教育者，仍戮力著作，连连出版，他是一个真正的读书人”[④]。

---

① 宋晞：《张其昀先生传略》，台北中国文化大学 2000 年版，第 21、32、42 页。

② 《张其昀先生文集》（第十六册 文教类一），台北中国文化大学 1989 年版，第 8701—8704 页。

③ 蒋君章：《追忆张其昀先生》，《张其昀先生纪念文集》，台北中国文化大学 1986 年版，第 182 页。

④ 谢觉民：《敬悼张晓峰师》，《张其昀先生百年诞辰纪念文集》，台北中国文化大学 2000 年版，第 258 页。

民国时期的学人办刊作为大学出版的重要组成部分,具有通过知识生产建构学术共同体和通过舆论影响社会两大功能,即论学与论政两方面。本书所论中大学人办刊活动,昭示出中大学人论学、论政的方式和角度。在从南高/东大到中大的变迁过程中,经由中大学人办刊活动可看出一条经由文化逐渐与政治贴近、合流的轨迹,对于大学、学人和社会的思考也逐渐从坐而论道的人文主义转向更为迫切和现实的民族主义。在“政局与学府”的话题阈中,中大有其典型意义,而中大学人办刊活动正是观测其典型意义的重要切入点。

四、从刊物看中大学人群谱系

从上述对中大学人办刊活动的梳理中,可以看出民国时期自南高至中大其学人群的谱系具有内在的延续性。这个学人群谱系与北大、清华、浙大等民国名校一样,有自己的代际接力与承传,也与所在大学的传统与学风紧密相连。我们对学人群谱系的描摹带有主观性,因为其形成往往不是刻意组织,而是通过大学的教学、科研、出版等活动逐步呈现出来,往往用回溯的眼光才能看出其中时隐时现的历史脉络。中大学人群谱系相对清晰,作为位于首都、最受执政党关照的“中央”学府,其学人论学、论政有求“正统”或“道统”之趋向。在这种潜意识之下,他们与以北大为大本营的新文化运动相抗辩,在文化姿态与实际政治方面均对政府存“智囊”与“国士”之心。在这种表述方式下呈现出的学人群谱系,与自由主义、激进主义学人群相比，相对保守，在承认既有政治格局与传统的文化生态基础上，建议“徐谋改良”。作为民国时期“学有余力出而经世的独立的知识者介入社会政治的最佳途径”和“最有价值的舆论工具”，学人刊物是观测和描摹一所大学学人谱系的重要平台。中大学人群谱系也可依凭他们的办刊活动呈现。

一是围绕《学衡》杂志的中大学人群

《学衡》，1922 年 1 月创刊于南京，由学衡杂志社主办并发行，初由吴宓主编，上海中华书局出版，后增补缪凤林为副主编，改由南京钟山书局出版。第 1—第 60 期为月刊，出版第 60 期后停刊 1 年。复刊后自第 61 期起改为双月刊，出版至第 72 期后又停刊 1 年，出版至第 75 期后第 3 次停刊 1 年。在出版第 75 期前出版时间内所出各期，除第 41、第 75 期各提前出版一个月外，各期出版时间正常。到第 3 次复刊后所出的最后 4 期，已成为不定期期刊，1933 年 7 月终刊，前后历时 11 年半，共出版 79 期。《学衡》与南高/东大的紧密关联从 1922 年创刊始。1924 年“集稿员”和实际的总干事吴宓离开东大到东北大学，核心成员景昌极、缪凤林三人亦离开东大赴东北大学，胡先骕、梅光迪赴美，刘伯明亡故，《学衡》与南高/东大形式的关联淡化，但南高/中大师生仍是重要撰稿者。1925 年吴宓由东北大学到清华大学，出任清华国学研究院主任，《学衡》的编务随之移至清华大学，进入新的发展阶段。但就刊期而言，与南高/东大紧密关联的三四年间，《学衡》基本能按月出版，后期转至清华，出版则时断时续以至终刊。南高/东大的学人群在《学衡》上开始聚合，并渐成规模、不断绵延，虽然不断变化、分分合合，但谱系的建构从中可见端倪。

《学衡》主要栏目有通论、述学、文苑、杂缀、书评、文艺等,在创刊号的《简章》中明示其宗旨为:“论究学术,阐求真理,昌明国粹,融化新知,以中正之眼光,行批评之职事。无偏无党,不激不随。”论者常以“昌明国粹,融化新知”为其旨。杂志的发起人和筹办者是梅光迪(1890—1945),字迪生,一字觐庄,留学美国西北大学、哈佛大学,回国后任东南大学西洋文学系主任、教授。杂志的“集稿员”和总干事吴宓(1894—1978),字雨僧,留学美国弗吉尼亚州立大学、哈佛大学,当时受梅光迪邀请任东南大学西洋文学系教授。刘伯明(1887—1923),名经庶,字伯明,美国西北大学毕业,获哲学博士学位,时任南高/东大副校长兼文理科主任。刘伯明之于南高/东大,相当于蔡元培之于北大,风度、气魄、学识都有可相较之处,他将南高看成“聚集同志知友,发展理想事业之地”,是《学衡》的重要成员和有力支持者,更是南高/东大学人群聚合并形成绵延不断的“南高精神”的奠基人。《学衡》另一位灵魂人物柳诒徵(1880—1956),字翼谋,号劬堂,史学大师。任南高文史地部主任,东大历史系教授,也是“南高精神”的重要奠基者。胡先骕(1895—1968),字步曾,美国加州大学柏克莱分校植物学硕士,时任南高生物系主任,也是《学衡》的得力干将。

《学衡》的中大学人,除上述五位外,还有吴梅、汤用彤、马承堃、萧纯锦、徐则陵等教师。郭斌龢比较特殊,他是南高校友,毕业于英语系,之后辗转求学、任教,一直到 1933 年,回到母校中大任外文系教授,为《学衡》撰稿正值其辗转之时。郑鹤声也是南高校友,毕业于文史地部,受业于柳诒徵、竺可桢。

正如北大老师辈在《新青年》引领风尚,而学生辈在《新潮》中锐气逼人一样,南高/东大的学生辈也借助《学衡》崭露头角,初现师承关系与代际接力。当时参与《学衡》的学生主要有缪凤林、景昌极、向达、张其昀、王焕镳、赵思伯、浦江清、孙雨延、陆维钊、束世徵、徐震堮等人。其中对《学衡》贡献最大的是缪凤林和景昌极,撰文数量均过20篇。缪凤林(1898—1959),字赞虞,景昌极(1903—1982),字幼南,二人经柳诒徵多年提点。张其昀也受业于柳诒徵,他为《学衡》撰写了两篇文章,即刊载于第5期的《刘知几与章实斋之史学》、第41期的《中国与中道》。这些学生辈,在《学衡》后期即已成为各自学科的知名学者,并参与与《学衡》有精神传承色彩的学人刊物的创办和编撰,继续绵延中大的学人群谱系。

《学衡》杂志创刊号

二是围绕《国学丛刊》杂志的中大学人群

《国学丛刊》由南高/东大国学研究会创办。该会由国文系师生组成,成立于1922年10月,1923年出版发行《国学丛刊》,每年四期,出至1926年9月(改名《国学辑刊》)停刊。这个刊物以及围绕该刊的学人群以“国学”为职志,创刊号“发刊辞”强化“国学”“圣学”的意义,称国学的意义,“一言以蔽之曰:爱国也,好学也”,对于西学的传入乃至热闹不以为然,称“昔者,隋唐之隆也,华化西被,方弘海涵地负之量;迨及逊清之季,外学内充,大有喧宾夺主之慨”,这种文化姿态,和《学衡》等杂志的文化保守主义立场本质相通,刊物所涉范围囊括小学、经学、史学、诸子、佛典、诗文等传统国学门类,文字也自然全用文言。从指导教师团队看,包括陈钟凡、吴梅、顾实、陈去病、柳诒徵等。陈去病曾编辑《国粹学报》,吴梅陈去病均为“南社”成员。其主要成员旨趣“远承晚清的《国粹学报》,近承1919年的《国故》”①,在中大学人谱系中属于最为传统的一脉。

三是围绕《史地学报》杂志的中大学人群

一所大学科研之兴盛很大程度上维系于师生组成的专业研究学会的推动,“南高极盛之时在民国九、十年间,延师颇重专才硕学,学科亦倾向专门研究……转变之时,施教与训育由上管束转为奖掖学生自觉自动,成立各种研究会等……研究演讲之外,竞出刊物……”②史地学会成立于1920年5月,活动前后持续了七年

① 高恒文:《“学衡派”与1920年代的国学研究》,《中国现代文学研究丛刊》2001年第3期。
② 陈训慈:《南高小史》,《国风半月刊》第7卷第2号,1935年9月。

(1920—1926),成员发展至近百人,是学校社团中延续时间长、成果最为突出者,代表了南高科研水准和学术氛围。在《南京高等师范学校史地研究会简章》[①]中,会员资格是"凡本校史学系、地学系或其他各科系同学有志研究史地者,皆得为本会会员。本校毕业同学入会者亦为会员",在1923年南高改为东大后,史地学会修改了简章,在会员资格部分,标示"甲种普通会员"为"在校同学愿为本会会员者","乙种普通会员"为"甲种普通会员离校愿继续为本会会员者",虽然在本校教职员外,校外史地专家亦可列为名誉会员,而通讯会员则把"校外同志由会员二人以上之介绍经评议会之通过者"纳入。[②] 但总体而言,史地学会仍是南高/东大学人(以学生为主体)"自己的园地"。担任研究会总干事的分别是中大的诸葛麟、陈训慈、胡焕庸、向达等;而担任学会编辑部总编的则有张其昀、缪凤林、陈训慈、陆维钊等;担任编辑的也是张其昀、诸葛麟、陈训慈等人。

史地研究会的指导教师绝大多数是中大学人,包括柳诒徵(中国史教授)、朱进之(社会学教授)、童季通(地学教授)、徐则陵(西史教育史教授)、竺可桢(世界地理气象学教授)、陈衡哲(西洋史教授)、曾膺联(地质学教授)、萧纯棉(经济学与经济史教授)、王毓湘(地理教授)、顾泰来(大战史及政治思想史教授)、杜景辉(历史教授)等,还包括在东大短暂讲学的梁启超(中国政治思想史讲师)。其中从研究会第二届一直指点到第八届的有柳诒徵、徐则陵、竺可

① 载《史地学报》第1卷第3号,1922年5月。

② 参见《国立东南大学史地研究会简章》,《史地学报》第3卷第1、2期合刊,1924年4月。

桢三位教授,而柳诒徵则从第一届到第八届一直担任指导员,是学会和刊物的灵魂人物。[①] 从研究会的指导教师阵容便可看出,虽然史地学会是一个专业的研究会,但跨越了文理学科的界限,视域广阔,以“史地”这个中国传统学科为基础,将政治学、教育学、经济学、地质学、社会学等学科带入,传达出的已不单单是专业知识,而更多是通过“史地”传播中大学人的家国观与整体文化观。

南京高师史地研究会全体会员摄影(1922 年 1 月)

《史地学报》是南高史地研究会的会刊,正式出版于 1921 年 11 月。与史地研究会的宏大抱负一致,该刊绝不仅仅是一份专业的学刊,而是传达中大学人家国观与整体文化观的媒介。在刊于第 1

① 参考陈宝云:《学术与国家:〈史地学报〉及其学人群研究》,安徽教育出版社 2010 年版,第 36—37 页。

卷第3期的《编辑要则》中，《史地学报》学人这样表述他们的抱负："同人深维史地之学，一由时间之连续，示人类之进化；一由空间之广阔，明人类与自然界之关系，其博大繁赜，实超其他学科。而就其近者言之，则一事一物，莫不有其源流与其背景，果屏斯二者，即不足晓事物之真，更无由窥学术之全。是以各种学问，靡不有所依凭于史地；而史地之可贵，亦要在出其研几所得，供各学科之致用。"从1921年11月到1926年4月，《史地学报》共出4卷20期，前后发表文章共计300余篇。在栏目设置上，主要包括"研究""通论""新书介绍""书报绍介""地志""史地教学"等。其主要作者便是史地学会的指导教师和会员。有论者具体统计出该刊主要作者情况及作品篇次：张其昀发表文章最多，为32篇（这和他在《学衡》发表2篇文章形成了鲜明对比）；其次是陈训慈，22篇；第三是指导教师柳诒徵，发表文章21篇；以后依次是胡焕庸，20篇；郑鹤声，16篇；竺可桢，14篇；梁启超，11篇；徐则陵，9篇；向达，8篇，还有刘掞藜、诸葛麟、缪凤林、束世徵等。[1] 学生辈张其昀、陈训慈、胡焕庸、郑鹤声是主力，老师辈柳诒徵、竺可桢、徐则陵是主力，由此可见《史地学报》学人群与《学衡》学人群虽致力的重点有差异，但人员多有交叉，志趣也大体相投。中大《史地学报》学人群除介入《学衡》杂志外，与《文哲学报》《史学与地学》《史学杂志》《国风》等也多有交集，是整个中大学人谱系的重要分子。

---

① 参考陈宝云：《学术与国家：〈史地学报〉及其学人群研究》，安徽教育出版社2010年版，第50—51页。

四是围绕《文哲学报》杂志的中大学人群

《文哲学报》与《学衡》《史地学报》是同时的刊物,是南高/东大刊物群之一种。该刊是南高国文系与哲学系学生的组织——文学研究会和哲学研究会的机关刊物,季刊。在1922到1923年间,共出4期。其第一期登载的《发刊要旨》称“本志撰述,虽间有他作,并纳外稿,然仍以同学为之主体”,这里的主体便是文学研究会和哲学研究会同人。从撰稿者来看,作者群与《史地学报》作者群的重合率相当高。柳诒徵、陆维钊、缪凤林、陈训慈、景昌极等《史地学报》的中坚力量也是《文哲学报》的主力,在“文苑”“通论”“专论”“研究”等栏目中均有发挥。而就办刊志趣讲,《文哲学报》与《史地学报》乃至《学衡》也是相通的,不仅重视本国文学与哲学的介绍和研究,同时也注重对外国文学与哲学的译介和论述,一言以概之,即《学衡》之“昌明国粹,融化新知”。

五是围绕《国风》杂志的中大学人群

《国风》创办于1932年,于9月1日在南京出版,至1936年12月终刊,共出版8卷第85期。最初出版时名《国风半月刊》,1933年1月即第2卷第1期起改名《国风》,并沿用至终刊。其中1932年9月至1934年6月为半月刊,计出4卷46期。从第5卷开始,两期合出的情形时常出现。其中第5卷除第1、第2、第5、第12四期为单期出版外,其余都为两期合出,这一情况一直延续到第6卷卷终。从1934年7月至1935年5月共出版了两卷22期,共13册。《国风》从第7卷开始改为月刊,自1935年8月到1936年12月又出版第7、第8两卷共17期。

《国风》创办于《学衡》停刊之后,前文谈到,《学衡》自1924年开始与东大形式上的关联开始淡化,到1925年吴宓将之移至清华出版,形式上的关联更淡。甚至出现梅光迪、胡先骕等中大学人、学衡社员与吴宓心生龃龉、准备另起炉灶的情形[①],《国风》可以看作中大学人在1930年代对前期《学衡》的延续。《国风》发刊号即印:"国风社社长柳诒徵,编辑委员:张其昀、缪凤林、倪尚达。"这四位均为中大学人,柳诒徵是中大学人谱系的精神领袖,张其昀、缪凤林均为中大柳门弟子,其时都在中大任教。张其昀为中大地理系教授,缪凤林为中大历史系教授,而另一位编辑委员倪尚达则是中大物理系教授。有研究者专门统计《国风》作者情况,发文(不含诗录中的篇目)在10篇以上的作者主要有张其昀(40篇),柳诒徵(30篇),景昌极(16篇),缪凤林(14篇),张其春(14篇),竺可祯(11篇)。另外倪尚达也有9篇。[②] 这些作者的背景都与南高/东大/中大有着密切联系。竺可桢虽此时不在中大任职,但曾是东大著名教授,张其昀、缪凤林、景昌极等后起之秀也受业于他;张其春后来成为中国著名翻译家、辞书编纂家,1930年代毕业于中大的外文系,也是中大学人。在《发刊辞》中,柳诒徵言及该刊由张其昀缪凤林诸人发起,创刊于"淞沪之血未干,榆热之云骤变;鸡林马訾,莫可究诘;仰列强之鼻息,茹仇敌之揶揄"之际,"斯刊职志,本史迹以导政术,基地守以策民瘼,格物致知,择善固执;虽不囿于一家一派

① 关于吴宓与南京学衡成员的龃龉与立场差异,可以参考沈卫威:《"学衡派"谱系——历史与叙事》,江西教育出版社2007年版,第97—105页。

② 参见彭雷霆:《"五四"后迟来的批评——从〈学衡〉到〈国风〉时期的柳诒徵》,华中师范大学2005年硕士学位论文。

之成见，要以隆人格而升国格为主”。由发刊辞可见，《国风》可视为前期《学衡》的延续，更是与柳诒徵主导的《史地学报》一脉相承的刊物，是中大学人谱系建构中的重要刊物，从史地和文化入手，期望达到“隆人格”“升国格”的效力。只是在民族危亡之际，这种期待比起1920年代的《学衡》《史地学报》来说，显得更为迫切，甚至功利化。

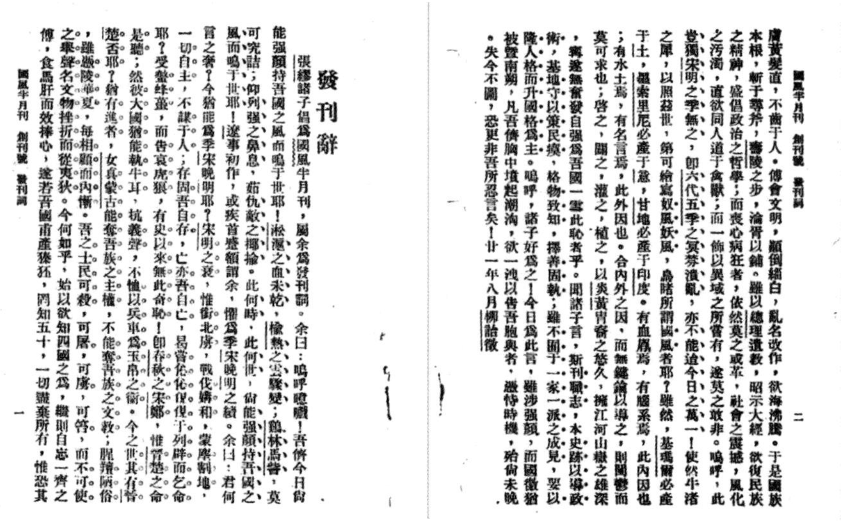

發刊辭

張繆諸子倡爲國風半月刊，屬余爲發刊詞。余曰：嗚呼噫嘻！吾儕今日尙能強顏持吾國之風而鳴于世耶！淞滬之血未乾，榆熱之雲驟變；鷄林馬訾，莫可究詰；仰列強之鼻息，茹仇敵之揶揄。此何時，此何世，尙能強顏持吾國之風而鳴于世耶！遼事初作，或疾首蹙額謂余，懼爲季宋晚明之續。余曰：君何言之奢？今猶能爲季宋晚明耶？宋明之衰，惟銜北虜，戰伐媾和，棠摩割地，一切自主，不隸于人；存固吾自存，亡亦吾自亡，曷嘗伈伈俔俔于列辟而乞命耶？受螫蜂蠆，而告哀虎狼，有史以來無此奇恥！即春秋之宋鄭，惟晉楚之命是聽；然彼大國猶能執牛耳，抗義聲，不恤以兵車爲玉帛之衛。今之世其有晉楚否耶？猶有進者，女真蒙古能奪吾族之主權，不能奪吾族之文教；腥羶陋俗，雖蹴陵華夏，每相顯而內慚。吾之士民可殺，可屠，可虜，可辱，而不可使之舉聲名文物挫折而從夷狄。今何如乎，始以欲知四國之爲，繼則自忘一齊之傳，食馬肝而效捧心，遂若吾國甫產猿狉，罔知五十，一切鄙棄所有，惟恐其

國風半月刊 創刊號 發刊詞 一

國風半月刊 創刊號 發刊詞 二

膚黃髮直，不齒于人。傅會文明，顚倒緇白，亂名改作，欲海沸騰。于是國族本根，斬于尋斧，聾陵之步，淪胥以鋪。雖以總理遺教，昭示大經，欲復民族之精神，盛倡政治之哲學；而喪心病狂者，依然莫之或革，社會之震撼，風化之污濁，直欲同人道于禽獸；而一飾以異域之所嘗有，遂莫之敢非。嗚呼，此豈獨宋明之季無之，即六代五季之冥棼潰亂，亦不能逾今日之萬一！使然牛渚之犀，以照茲世，第可繪寫奴風妖風，烏睹所謂國風者耶？雖然，基瑪爾必產于土，墨索里尼必產于意，甘地必產于印度。有血脈焉，有腦系焉，此內因也；有水土焉，有名言焉，此外因也。合內外之因，而無鍵籥以導之，則閼鬱而莫可求也；啓之，闢之，灌之，植之，以炎黃胄裔之悠久，擁江河山嶽之雄深，寧遂無奮發自強爲吾國一雪此恥者乎。聞諸子言，斯刊職志，本史跡以導政術，基地守以策民瘼，格物致知，擇善固執；雖不囿于一家一派之成見，要以隆人格而升國格爲主。嗚呼，諸子好爲之！今日爲此言，雖涉強顏，而國徽猶被暨南朔，凡吾儕胸中墳起潮洶，欲一洩以告吾胞與者，邀恃時機，殆尙未晚。失今不圖，恐更非吾所忍言矣！廿一年八月柳詒徵

柳诒徵所撰《国风》半月刊《发刊辞》

六是围绕《时代公论》杂志的中大学人群

《时代公论》创办于1932年4月1日，出版至1935年3月22日，为周刊，共出156期。主编为杨公达（杨1931年被中央大学校长朱家骅聘为中大图书馆主任、教授及法学院院长），张其昀为总发行人（在《时代公论》出至第18号时因“与友人创办锺山书局”辞去该职）。时代公论社学人群和上文提及的学衡学人群、国风学人

群有着鲜明的差异。最大的差异是,时代公论社以中央大学法学院教授为主体,属于政论性刊物;而学衡、国风学人群是以文学、史地等专业教授为主,属于思想文化类刊物。《时代公论》杂志骨干和中央大学中国政治学会骨干多有重合,包括杭立武、陶希圣、吴颂皋、刘师舜、梅思平、杨公达等中央大学法学院政治系教授。在中国政治学会的成立宣言中,杭立武表示,为实现"促进政治科学发展""讨究现实政治之改良""指导后学以研究斯学之途径",同人将做"编译政治学书籍,刊行政治学杂志,讨论现代政治问题,举行分科研究会议"等事。[①] 中国政治学会酝酿于1931年夏天,正式成立于1932年9月,《时代公论》正式创办于1932年4月,彼此有互相依托的意味。《时代公论》成为中国政治学会讨论现实政治的平台;中国政治学会也成为《时代公论》扩大影响力,与1930年代在民族危机背景下兴起的《独立评论》《国闻周报》等北方学人所办政论刊物相抗辩的重要资源。

时代公论社学人群与学衡学人群、国风学人群相同之处则有两点。第一点是他们都以中央大学教授为主体。学衡、国风学人群以中大学人为主体,时代公论社的重要成员中,杭立武、陶希圣、吴颂皋、刘师舜、梅思平、杨公达、武育干、傅筑夫、楼桐生、雷震、何浩若等也都是中大教授。而且其实文学、史地专业与法学专业学人也有诸多交叉和交流,从而形成合力,并非各自为政。拿张其昀来说,他毕业于文史地部,但也是《时代公论》的创办人之一。而且

① 杭立武:《中国政治学会成立刍言》,《时代公论》第23号,1932年9月2日。

就杂志本身来看，作者群也不囿于法学、政治专业，文史地部的缪凤林、黄侃、汪东等也有文章发表，教育学院、工学院的一些教授也参与其中，有合力而为的气象。只是随着后期杂志政治倾向的日益鲜明，其他学院的学人逐渐淡出，文史地部的学人逐渐转向《国风》杂志，集中阐述自己在民族危机下的文化主张。第二点则是与学衡、国风学人群一样，作为首都第一高校以及中央学府的学人，《时代公论》学人群也一样有在学界甚至政界争正统的“中央”意识。论者谈及《时代公论》，一般都会言及1930年代北方胡适派学人的《独立评论》杂志以及两者之间围绕宪政、民主、独裁等一系列政治议题的论战，这点在本书第三章将有涉及。在论战中可以鲜明感受到中大时代公论社学人的智囊意识、谋臣心态以及承认国民党专政而“徐谋改良”的政治立场，对于这种心态的表述，这群靠政权较近的学人相对理直气壮。这种自信和理直气壮在学衡、国风学人群的言论表述中也随处可见。从以上谈及的两点相同之处可以看出，虽然致力方向、所属系科不同，但时代公论社学人群也是中大学人谱系中的重要分子。

七是围绕《思想与时代》杂志的中大学人群

将《思想与时代》这份1940年代抗战时期创办于贵州遵义浙江大学的学人刊物带进中大学人谱系中，多少显得有些突兀。《思想与时代》杂志与中大学人的关联涉及两个方面，首先是核心人员的关联，其次是办刊理念的关联。

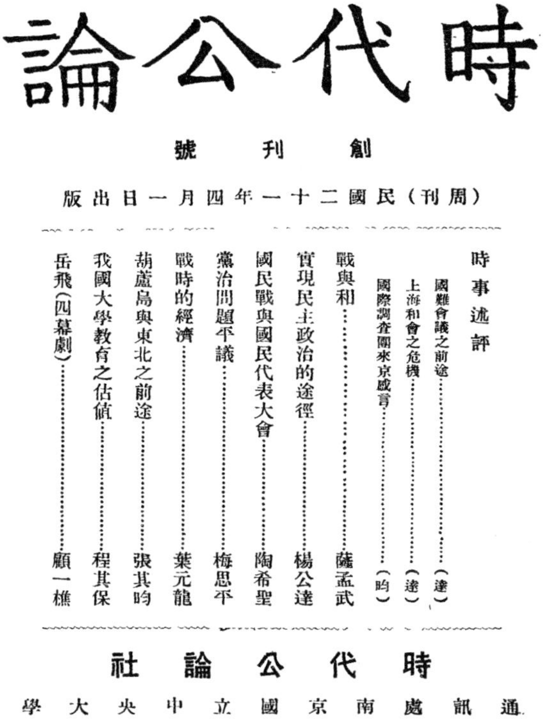
時代公論

創刊號

（周刊）民國二十一年四月一日出版

時事述評

國難會議之前途……（達）

上海和會之危機……（達）

國際調查團來京感言……（昀）

戰與和……薩孟武

實現民主政治的途徑……楊公達

國民戰與國民代表大會……陶希聖

黨治問題平議……梅思平

戰時的經濟……葉元龍

葫蘆島與東北之前途……張其昀

我國大學教育之估值……程其保

岳飛（四幕劇）……顧一樵

時代公論社

通訊處南京國立中央大學

《时代公论》创刊号

人员方面，《思想与时代》的创办人包括张其昀和张荫麟。核心撰述人包括张其昀、张荫麟、郭斌龢、谢幼伟、贺麟、钱穆、朱光潜7位教授。[①] 这7位教授中，前四位当时都在浙大的史地系，贺麟当时在昆明西南联大，钱穆在迁至成都的齐鲁大学国学研究所，朱光潜在迁至乐山的武汉大学。由此可见，核心撰述的主力在浙大史地系。浙大史地系的人员聘请与设置源于1936年出任浙大校长的

① 参见何方昱《"科学时代的人文主义"——〈思想与时代〉月刊（1941—1948）研究》第二章相关论述，上海书店出版社2008年版。

竺可桢，在出任浙大校长前，竺可桢长期任教于南高/东大/中大，和刘伯明、柳诒徵二位均为导师级人物，甚至是中大学人的精神象征。张其昀是竺可桢的学生，调入浙大也源于竺氏之邀请。张其昀有着丰富的办刊经验，是“南高精神”的极力宣扬者，作为《思想与时代》的创办人与核心撰述，自然将之前参与《学衡》《史地学报》《国风》《时代公论》等中大学人刊物的主张与态度延续下来，校长竺氏亦从旁协助，故而创办于浙大的这份刊物打上了很深的中大学人印记。刊物另一位创办人张荫麟虽毕业于清华，与中大无直接关联，但其文化主张、态度与张其昀，乃至中大学人群惺惺相惜，对于从历史地理（史地）入手进行文化和思想建设有着共通的期待。事实上，张荫麟也曾在《学衡》《国风》等中大学人刊物中发表文章，是“学衡派”成员。《思想与时代》核心撰述中，除创办人张其昀、张荫麟之外，郭斌龢、贺麟也都是原“学衡派”成员，其中郭斌龢毕业于南高，也在中大任教，是更为典型的中大学人。这种核心人员与中大的关联，导致刊物与中大学人之前所办刊物有一定程度的延续性。另外，《思想与时代》第 46 期（1947 年 6 月出版）是梅光迪纪念专号，梅是学衡派核心成员，也是南高/东大时期与北大新文化人抗辩的主力，纪念专号由此有回溯既往、人员重聚的意味。该期文章有楼光来的《悼梅迪生先生》、郭斌龢的《梅迪生翁传略》、斯泰加的《梅迪生先生颂》、顾尔雅的《梅迪生——君子儒》、王焕镳的《梅迪生先生文录序》、贺昌群的《哭梅迪生先生》、梅李今英的《哭迪生》等；张其昀撰写了《白璧德——当代一人师》，白璧德是梅光迪在哈佛的受业之师，梅也是白的第一个中国弟子，张其昀通过介绍白璧德所提倡的人文主义，追溯其对学衡派与中国学界的影响，也是对梅和学衡派乃至南高/东大学人群的纪念方式。

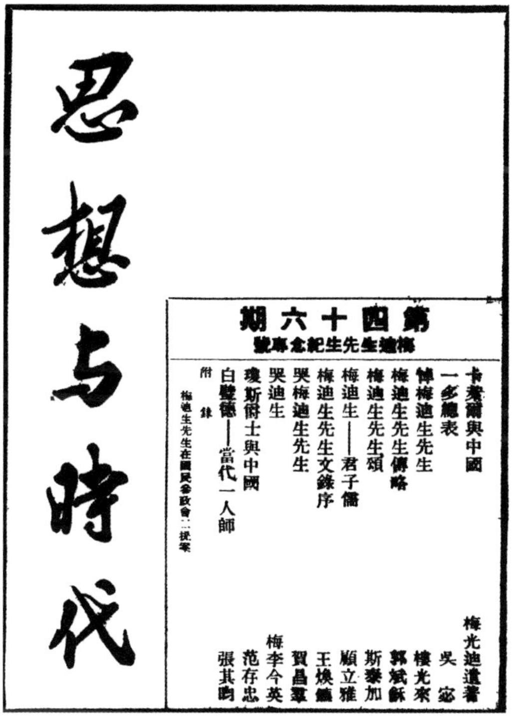

《思想与时代》第 46 期，梅迪生先生纪念专号

理念方面，《思想与时代》在第 1 期刊登的《征稿启事》中说明，“本刊内容包含哲学、科学、政治、文学、教育、史地诸项，而特重时代思潮与民族复兴之关系”，涉及“建国时期主义与国策之理论研究”“我国固有文化与民族理想根本精神之探讨”“西洋学术思想源流变迁之探讨”等，以“通论”为主。在第 41 期刊登的《复刊辞》中，张其昀将刊物的理念明晰化，认为刊物一直提倡的是“科学时代的人文主义”，“科学人文化是现代教育的重要问题，也是本刊努力的

方向。具体地说,就是融贯新知,沟通文质,为通才教育作先路之导,为现代民治厚植其基础”。科学与人文并举,沟通文治,注重通才教育,宣扬民族精神与现代民治精神,这些理念在《学衡》时代已有奠基,在《国风》《时代公论》中逐渐成熟,而到1940年代的《思想与时代》杂志,堪称一种理念的大汇总。张其昀在台湾去世后,治丧委员会对其创办《思想与时代》的宗旨高度归纳:“一以发扬传统文化之精华,一以吸收西方科技之新知,欲上承南高、东大诸教授创办《学衡》杂志之宗旨,以救世而济民”。[①] 其中“上承”句直接显示出《思想与时代》与《学衡》等中大学人刊物的理念关联。张其昀自己到台湾后追溯这段历史,也坦言:“当时浙大文学院同人创办《思想与时代》杂志,以沟通中西文化为职志,与二十年前的《学衡》杂志宗旨相同。”[②]所以,将《思想与时代》学人群有选择地纳入中大学人谱系中,用一种延续性的眼光看待他们论学论政的主张,是顺理成章的。

五、刘伯明、柳诒徵:中大学人谱系的灵魂人物

通过梳理上述刊物和学人群,我们很容易看出以刘伯明、柳诒徵为精神象征和灵魂人物,以梅光迪、胡先骕、郭斌龢等学人为主力,以张其昀、缪凤林、郑鹤声等学生辈后起之秀为接续,形成相对

① 张晓峰先生治丧委员会撰:《鄞县张晓峰先生其昀行状》,台北:《传记文学》第47卷第3期,1985年9月。

② 张其昀:《中华五千年史 第一册 远古史·自序》,台北中国文化大学1961年版,第4页。

连贯的学人谱系。简单追溯刘伯明和柳诒徵两位灵魂人物的生平与志向,有助于我们对所论中大学人整体群像的把握。

刘伯明(1887—1923),名经庶,字伯明,江苏南京人。1911 年赴美留学,获西北大学哲学博士学位。回国后先后在金陵大学、南京高师任教,1919 年开始专任南京高师文史地部主任和训育主任。在南京高师改名东南大学后,任东南大学文理科主任,兼任"校长办公处副主任"、行政委员会主任等,处理学校日常事务(包括教学、行政以及其他事务性工作),与当时东南大学校长郭秉文形成郭主外刘主内的局面,与学校师生接触最多的自然是刘伯明,而他的点滴言行和君子之风也潜移默化影响了一批东大师生。在本书所论的中大学人刊物中,《学衡》第 26 期刊登了校长郭秉文所述《刘伯明先生事略》,盛赞其"外严而内和,意有不可,力持不为群说所动。其在学校,谆谆教学者以植身行己,树立节操,不可同流合污。学者化其人格,多心悦诚服"。《国风》的特刊中,"刘伯明先生去世九周年纪念特刊"(第 1 卷第 9 期)以及"南高二十周年纪念特刊"(第 7 卷第 2 期、第 8 卷第 1 期)都有以中大为主的学人对刘伯明的纪念,并在纪念中总体提炼出"南高精神"[①]以涵盖刘对中大的影响,评价相当之高。梅光迪在《九年后之回忆》中认为刘伯明主持的东大文科"学风之优良,为全国第一",达到东大历史上的"黄金时代",刘本人因"学术与事功合一""实行人格化教育"给人深刻印象;张其昀在《"南高"之精神》中,称自己求学期间正值南高之"全

① 参考《南京高等师范学校二十周年纪念刊》(上)郭斌龢、吴俊升、张其昀、胡焕庸、景昌极等人谈"南高精神"的文章,载《国风》第 7 卷第 2 期,1935 年 9 月。

盛时代”，“当年‘高标硕望，领袖群贤’的人物，是哲学教授刘伯明先生”；陈训慈则在《南高小史》中，称刘伯明“实际主持校务，为全校重心所寄”，“倡导学风，针砭时弊，尤为时论所推重”。

刘伯明本人著述并不多，他对中大学人的影响很大程度上源于人格的感召以及在文理、中外之间通博的视野。在《学衡》上刘伯明共发表7篇文章，分别是《学者的精神》(第1期)、《再论学者之精神》(第2期)、《评梁漱溟著东西文化及其哲学》(第3期)、《杜威论中国思想》(第5期)、《非宗教运动平议》(第6期)、《共和国民之精神》(第10期)、《论学风》(第16期)。这些文章偏重对学者精神与学风的思考与反省，在五四以来中国高等教育的变局中以人文主义者的视角，提出“在学为人”、培养通才的大学理想，反对过分的实用主义与功利主义；提出真正的学者“应具自信之精神”“应注重自得”“应具知识的贞操”“应具求真之精神”“必持审慎之态度”；反对学者持“狭隘职业主义”立场，而应在专门研究的同时关注社会之精神与意识。刘伯明对大学和学人的理解基本上奠定了中大学人论学论政的大格局，他作为中大学人的灵魂人物是当之无愧的。

柳诒徵(1880—1956)，字翼谋，晚号劬堂，江苏镇江人。受教于晚清大学问家缪荃孙。自1915年起，十余年执教于南高/东大，任史地部主任及历史系主任。与刘伯明主要致力于治校，以人格感化、引导南高/东大师生不同，柳主要从史学和史识方面引导学子治学的门径，擅长指导和扶植弟子的成长，中大柳门弟子相当繁盛，代际接力具有稳定性和延续性，甚至以其弟子张其昀为代表，将其治学门径与倡导的学风带到台湾的大学中绵延不断,这些柳门弟子也是本书所论中大学人群的中坚力量。柳氏自己更是著述等身,民国时期北方声誉最隆的史学家有"二陈"(陈垣、陈寅恪),南方史学界代表则为柳诒徵。主要有《历代略论》《中国文化史》《国史要义》等著述,其中《中国文化史》探讨中国历史之真相及其文化之得失,试图在五四以降西潮涌入的大背景下,以贯通中西的融通视角,回答"中国文化为何""中国文化何在"等大问题,气度不凡,这部被胡适誉为"中国文化史的开山之作"①最初是以讲稿形式在《学衡》陆续发表的(首次刊登是在第46期,1925年10月;末次刊登是在第72期,1929年11月)。除以上著述外,柳诒徵在本书所论的中大学人刊物上发表的文章也很成规模,在《学衡》上,诗录除外,柳诒徵共发表文章34篇(连载的算一篇),《史地学报》上柳发表文章21篇,《国风》上柳发表文章30篇,在同人中都算得上高产。这些刊物也由此成为研究柳氏史学观、文化观、教育观以及现实抱负的重要平台,与著述相比,更能看到一位学人针对学术、政治的现实情怀。

柳诒徵作为中大学人的灵魂人物在于他的史学与史识,为南高/东大在学界奠定了开阔的格局;在于扶持后辈、提携人才,维持中大学人的代际接力;也在于以撰述主力和精神核心的身份创立、扶持了一批代表性的学人刊物。实际上他在这些刊物上不仅著述颇丰,更直接引导了部分刊物的主旨和立意以及具体走向。《学

---

① 胡适:《书籍评论》,《清华学报》第8卷第2期,1933年6月。

衡》的《弁言》、《史地学报》的《序》、《国风》的《发刊辞》均出于柳诒徵之手。对于刊物的具体编辑，柳氏也是颇有经验。夏凤珍、吴忠良对柳诒徵的期刊编辑思想已有所总结，认为柳氏注重刊物的内容和特色定位、重视作者资源的培育、全心全意为读者服务（在普及和提高两方面着力、密切编读往来），这些期刊编辑思想值得深入挖掘和继承。[①] 柳诒徵这些编辑思想其实也正是本书所论中大学人刊物和中大学人群的期刊编辑思想。学人办刊往往将重心落在“学人”二字，与专业出版人、专业编辑相比，对于具体的编校工作以及编读往来等缺少自觉的理论梳理与总结，但对编辑刊物的基本逻辑都是谨守的。

① 夏凤珍、吴忠良：《试析柳诒徵的期刊编辑思想》，《中国出版》2012 年第 9 期。

第 2 章 学人论学：中大学人刊物中的教育理念

在现代大学这个场域内，政党、学人与校长三方的大学理念往往有所不同，甚至会产生矛盾与冲突。民国时期大学的校长更替、学潮很多由此产生。中央大学作为国民党政府倚重、培植并带有示范意义的学府，堪称其"党化教育"的试验田，上述三方势力的博弈更见戏剧性。把中大学人对于教育、对于大学的理念放在三方博弈的立体图景中，梳理他们在自己创办的学人刊物上的具体表述，有助于我们更为客观地辨析这群与传统文化、与政权均更为靠近的学人。大学出版、学人办刊中传统与现代、独立与党化之间的纠葛，以及学人在这种复杂场域中的调适与坚守，可为当代大学出版人与学人提供参照。

一、国民党“党化教育”与中大校长的治校理念

国民党在民国时期的执政阶段,大致可以去头掐尾分成三段,1927 年至 1931 年(九一八事件爆发),是政权初建期,最主要的精力放于维护政权的合法性;1932 年到 1937 年(全面抗战爆发),是政权巩固和全面建设期,在财政、金融、经济、教育、科学,包括文化等各方面展开了建设工作,堪称黄金阶段;1937 年后,进入政权维护期,主要精力用于从军事上应付内外交困的处境。所以,盘点下来,国民党政权静心用于文教事业的精力是很有限的,在管制方面着力不少,但在系统化的理念建构方面总体乏力。虽然与一般的现代政权一样,它迫切希望把政治、经济、文化、教育等一网打尽,统统纳入自己的“党治”理念下,但正因为建构乏力,导致效果往往一般,甚至事与愿违,尤其是在文教事业方面。

笔者曾在《民国官营体制与话语空间——〈中央日报〉副刊研究》(中国传媒大学出版社 2012 年版)中系统辨析国民党政权的“党治”文艺(先后有“三民主义文艺”“民族主义文艺”等具体提法)的实际效果,发现确如学者王奇生所言,其“党治”理念,本身也如其体制一样,存在自相矛盾和“东拼西凑”之处:“党的宣传为民主自由,党的训练为军事化,党的组织为学苏联,内部是中国的”,导致口径往往不统一甚至相左,总体上呈现出“弱势独裁政党”的特征。[①] 在国民党党化教育理念研究方面,熊秋良《从政治动员的角

---

① 参见王奇生:《党员、党权与党争——1924—1949 年中国国民党的组织形态》(修订增补本),华文出版社 2011 年版,第 408—409 页。

度看国民党改组后的“党化教育”》(《江苏社会科学》2004 年第 6 期)、王彤宇《1927—1937 年南京政府“党化教育”研究——以教育领域为中心》(河北师范大学 2006 年硕士论文)、张俊霞《训政时期国民党“党化教育”之论争——以教育领域为核心的考察》(《理论界》2013 年第 1 期)、卢毅《事与愿违的党化教育——以 1949 年以前的国民党为例》(《福建论坛·人文社会科学版》2014 年第 5 期)以及许小青著作《政局与学府》第三章的部分论述可资参考。这些研究成果梳理了国民党党化教育理念的历史与变迁，虽然有论者用辨析的眼光呈现出“党化教育”的必要性与必然性，但国民党这种教育理念实际的效果也和上述笔者所论的“党治”文艺一样，大而无当、形式主义、收效甚微，甚至事与愿违，与初衷背道而驰，引起大学学人的普遍反感。参考张俊霞、卢毅的文章，我们看到对党化教育，国民党党内人士也时有不同声音，但进行批判的代表性文章，主要还是出于以胡适、罗隆基、任鸿隽、陶行知等自由主义知识分子和以余家菊、李璜等为代表的国家主义派。陶行知《国家教育与党化教育》《行知衔谈·民主教育》等文明确提出“教育不可以党化”“反对党有党办党享的教育，因为党化教育把国家公器变做一党一派的工具”；胡适和罗隆基则以《新月》杂志为阵地，呼吁国民党“取消思想与党化教育的迷梦”，认为国民党党化教育会造成国民思想的“懦弱性、消极性、依赖性、奴隶性”，使“国民成为绝无思想的机械”；任鸿隽的《党化教育是可能的吗?》是被研究者广为征引的文章，发表在《独立评论》1932 年第 3 号，他提出“教育是以人为本位的，党是以组织为本位的”，两者不能共存，有“党化”便无

“教育”,有“教育”就不能有“党化”;国家主义派则认为国民党党化教育是“愚民政策”,“比消极的不管还要坏”,其危害一是“破坏国家统一”,二是“摧残民权自由”,三是“不合教育原理”。以上批判文章基本概括了党化教育之危害的不同面向。

在国民党政权定都南京形式上统一全国后,教育行政委员会立即制定出《学校实施党化教育办法草案》,提出“我们所谓党化教育就是在国民党指导之下,把教育变成革命化和民众化。换句话说,我们的教育方针要建筑在国民党的根本政策之上。国民党的根本政策是三民主义、建国方略、建国大纲和历次代表大会的宣言和决议案,我们的教育方针应该根据这几种材料而定,这是党化的具体意义”①。这是对于主旨的规定,另外还有很多细则,主要涉及教师、课程和教材三大方面。用批评者的眼光看,就是“把党的主义或主张,融合在教课中间,使他渐渐地浸灌到学生脑筋里去”;“教育的事业,由党的机关或人才去主持,使它完全受党指挥”。②《各级学校增加党义课程暂行条例》《大学规程》等规定了党义课程的基本内容(包括建国方略、建国大纲、三民主义理论与实践、本党政纲及重要宣言决议案、五权宪法之原理及运用等)、最低授课时间(每周至少两小时),而且规定了学分,要进行专门的考试,学生没有得到党义课学分就拿不到毕业证书;《审查教科图书共同标准》则规定了“适合党义”“适合国情”“适合时代性”三大政治标

① 《教育界消息》,《教育杂志》第19卷第8号,1927年8月20日。
② 叔永(任鸿隽):《党化教育是可能的吗?》,《独立评论》1932年第3期。

准。[①] 到抗战爆发后,国民党政府加强思想的统一,加大党化教育的力度。党派力量和军警特务系统加剧向学校尤其是大学渗透,要求各大学校长和院长必须由国民党党员担任,造成很多假入党、突击入党的笑话,遭到西南联大、浙江大学等高校的抵制。

本书所论的中央大学有其特殊性,作为国民党政府倚重、培植并有示范意义的大学,党化教育的渗透程度自然很高。从现有研究可知,国民党党化教育的产生有一个过程,从广州时期便开始,但引起广泛关注则与中央大学前身东南大学的"易长风潮"有关,而且一直到 1932 年 8 月罗家伦出任中大校长,期间围绕校长人选问题纷纷扰扰、几度变迁,都与"党化教育"和国民党的干预有关联。储朝晖通过考证,认为 1925 年东南大学校长郭秉文职务解除,导致东南大学由此动荡两年之久的"易长风潮"虽然与郭秉文"某些方面的独断擅行"、与"学术民主的匮乏"有关,但"这一事件的本质是国民党人汪精卫、吴稚晖、李石曾、易培基、杨铨、马叙伦等人在党化教育理念指导下,对无党不派专注于学术的学人郭秉文等人有组织的围剿,是他们以包办教育的'训政'手段来推行党化教育的必然结果,是国民党通过控制大学、控制国家的方式与大学学术逻辑的冲突","东大易长争端,实则是'学术治校''学术自由'和'党化教育'在中国的抗争"。[②] 许小青在《政局与学府》一书中重视辨析"易长风潮"的复杂性,但得出结论"就其实质而言,是国民党

① 详细规定参见《中华民国史档案资料汇编》第五辑第一编"教育"(一、二),江苏古籍出版社 1994 年版。

② 储朝晖:《民国时期党化教育的牺牲者郭秉文与东南大学》,《华中师范大学学报》(人文社会科学版)第 51 卷第 6 期,2012 年 11 月。

人对于地方自治力量的侵蚀的结果”(第99页),与储文结论并无大的出入;对1930年校长张乃燕去职事件,许则直接点出“其实质是国民党内部派系对于最高学府权力的争夺的结果”(第207页)。在郭秉文之后,中大校长频繁变动,胡敦复、蒋维乔、张乃燕、朱家骅、桂崇基、任鸿隽、段锡朋、李四光等先后被任命为中大校长,但除张乃燕、朱家骅外,另几位要么刚上任就被师生驱逐甚至遭殴,要么坚辞不受、要不是过眼烟云,在风潮中难得持久。1932年罗家伦就任中央大学校长,一直到1941年辞职,前后近十年,算是找到了相对稳定的平衡之道。之后陆续由顾孟余、蒋介石、顾毓琇、吴有训、周鸿经等接任,直至新中国成立改名为南京大学。

可以说,中央大学堪称国民党党化教育的试验田,大学师生、大学校长以及执政党三方力量的博弈表露出中国现代大学在发展中,大学自治、学术自由这些根本价值观与党化教育、政治干预之间的冲突与调适,而作为首都大学、中央学府的校长正处于三方博弈力量的中间,在夹缝中的治校理念牵一发而动全身,找到和谐点相当不易。而本书所论中大学人的办刊活动,处于三方博弈势力的一方,在国民党党化教育的大背景下,考察几任校长尤其是郭秉文、张乃燕、朱家骅、罗家伦的治校理念,有助于更为全面、辨析地认识和定位中大学人对于大学、学人、政治的主张,他们的倾向以及随着时局变化产生的立场变化,放在三方博弈的场域中,也会更为立体,在与相对超然的自由主义学人以及相对激进的左翼学人的对照下,我们也会相对公允、客观地评析这群与体制、与政权更为靠近的知识分子。

郭秉文1908年赴美留学,1912年获哥伦比亚大学教育硕士学位,1914年以《中国教育制度沿革史》一文获得哥伦比亚哲学博士学位,是我国第一位留美在教育领域获得博士学位者。1915年回国参加南高的筹建工作,任教务主任;1918年代理校长;1919年正式任南高校长。1921年在郭的四方游说以及东南名流的共同努力下,南高改名东大,成为民国初年继北京大学之后的第二所国立大学,郭秉文一直任校长,直至前文提及的1925年"易长风潮"被迫离职。虽然说,学界对郭秉文教育思想和理念的研究近十年已有一定的基础,但从中国教育史和大学史角度考量,郭的价值还有待继续深入探究。南高/东大/中大时常被论者与第一所国立大学——北京大学相比较,郭秉文的教育理念也时常在与蔡元培教育理念的对照中呈现。

郭留学美国,以杜威、孟禄为代表的实用主义教育思想是其教育理念的主要来源。我们知道,世界大学的潮流大致分为强调博雅自由、培养少数"绅士"的中世纪模式,强调"纯粹"学术和大学研究功能的德国模式,强调大学作为社会"服务站"的美国模式,三种潮流顺次各领风骚,并成为世界大学发展的风向标。德国模式在19世纪到20世纪初是世界大学理念的主流;而美国模式则在一战以来尤其是二战之后引领至今,美国模式的理论源头与杜威实用主义哲学息息相关。郭在20世纪初把美国教育理念引入中国,并以东南大学为试验地有其前卫性,与蔡元培以德国模式搭建中国现代大学框架、治理北京大学显然有所区别。当然,对于大学自治和学术自由,他和蔡元培的主张是一致的,不管德国模式或者美国模式对此有着基本的共识。比如对于自由讲学，郭秉文强调：“这是德谟克拉西民主精神，是美利坚民主的讲学自由风气”；对于学术自由，他提出：“学术之自由，应特别提倡，为国家根本计”。[①] 东南大学在郭秉文任校长期间独具特色的地方主要有几点：一、设立校董会制度（1921 年设立，这在中国近代大学史上是第一次实践）。第一届校董会成员有 17 人，除蔡元培、蒋梦麟、黄炎培等教育家外，多为政界要人和实业界名流。政界要人有曾任民国实业总长和农工总长的张謇、曾任多届内阁外交部长工商部长的王正廷、江苏省财政厅长严家炽、教育部司长任鸿隽等；实业界名流则有上海工商界巨头穆藕初、上海总商会会长聂云台、上海银行分会长钱新之、面粉大王荣宗敬等。从中可见，校董会的设立主要是为了从社会上整合政治和经济资源、资本，这种理念相较于依赖政府拨款时常处于欠薪讨薪状态的大学相比，美国气息十足。校董会是全校最高的决策机构，地位与校长并列甚至更高；到 1924 年校董会章程修订后，更成为学校最高的立法和决策机构。许小青在其《政局与学府》一书中注意到校董会在一定程度上有架空教授会，侵蚀“教授治校”理念的弊端。这当然会引发教授和学人群体的反弹；更大的反弹自然来自执政党，这种校董会制度导致的大学经济独立必然会使执政党的“党化教育”难以派上用场，1925 年“易长风潮”与郭的离职清晰地表明了此点。二、对于“学”与“术”的地位同等看重，

① 转引自周谷平、朱绍英：《郭秉文与近代美国大学模式的导入》，《河北师范大学学报》（教育科学版）第 7 卷第 5 期，2005 年 9 月。该文对于郭秉文教育理念相关著述、论文有比较详尽的梳理，可以参考。

不仅重视文、理等基础性、理论性学科,也重视农、工、商等通常被归于“术”的实用学科,强调学科间的融通和交流。这和蔡元培所言“大学者,研究高深之学问者也”这种精英主义姿态有很大差别,也显示出美国模式和德国模式的某种分野。三、强调服务社会的教育理念。从重视农工商等科便可看出郭秉文执掌的东大面向实际需要的理念。这点可以说是美国模式的最鲜明特征,求新求变,求适应社会,大学成为社会的“中转站”。这些特征带来了美国大学的蓬勃发展,也因其与社会过于深度的结合而广受诟病。郭秉文在 20 世纪初德国模式还占据主导,美国模式初见成效时引入美国模式,有其前卫性,更有诸多水土不服之处,在学人、政党、校长三种势力中,最终未能调和得当获得长远发展,此点足以反思,但美国模式中借助社会资源、运作社会资本、服务社会、“学”“术”并重等理念也由此深深契入东大发展理路中,即便校长更换,即便更名“中央大学”,我们还是可以看到这种影响力的印记。

在罗家伦担任中大校长,执掌近十年把中大带进新的发展阶段之前,担任校长的有张乃燕和朱家骅,其中张是中央大学由东南大学更名以来的首任校长。张、朱二位校长对中大的意义更多是过渡性的,陷于人事纠葛和学潮、纷争的时间多,于中大本身的建设建树较少,他们对于大学、学术也有自己独立的思考,但内外倾轧不断的情形下难以施展;当然,个人治校能力的欠缺也是重要原因。这个过渡时期的混乱无序也是必然的,是“东南”大学升级为“中央”大学,从命名到名正言顺必须有一个“中央化”的过程,有一个在大学、学术、政党之间求取最佳平衡点的过程。在这方面,张乃燕显得经验不足,而对党务颇有经验的朱家骅则有些用力过度。与郭秉文不同,朱家骅于德国柏林大学获得哲学博士学位,曾任北京大学教授,对强调研究“高深学问”的德国模式多有推崇,并有意在学术和思想上强化中大的地位;但在具体治校上,又受执政党期待的影响,把重心放在配合“党化教育”上,也因身为国民党要员的身份为中大获得了资源,但在中大学人和中大历史上评价并不高,任职时间较短是一方面原因,最大的原因恐怕还在于他对“党化教育”比较赤裸的迎合姿态。

罗家伦(1897—1969)对于中大的意义是必须着力提及的。他于1932年8月在中大处于连续几年的学潮和风潮后掌舵这所中央学府。他赖以被党政要人和中大师生共同接受的资历和资本主要有三条。第一条是他作为五四运动中的学生领袖之一以及作为《新潮》这份与《新青年》相互辉映的北大学生刊物的主力。五四运动中他展现出丰富的组织、协调、宣传能力,高度的概括能力和诗人般的才情,包括起草后来被称为《五四运动宣言》的《北京学界全体宣言》,在五四运动尚未结束时首次发表《五四运动的精神》和《一年来我们学生运动的成功失败与将来应取的方针》等文,对五四运动的影响力在思想、社会、民众三方面进行了高度的、有前瞻性的概括。第二条是他中学西学兼具的开阔视野。除在北大文科的学习经历之外,1920年起罗家伦先后在美国普林斯顿大学、哥伦比亚大学、德国柏林大学攻读,在法国巴黎大学、英国伦敦大学等大学访学,对欧洲尤其是德国的教育理念以及美国的教育理念都有比较通达的认知,为今后执掌大学打下恢弘、开阔的根基。第三条是他在掌舵中大前已有执掌清华大学和中央政治学校的资历。担任国立清华大学校长期间，他更多推崇德国大学理念中对学术和研究的重视，把“研究”作为大学的灵魂，把学术独立作为大学发展的根基。[①] 治理中央政治学校期间，与一般人治理政治院校，与政治、政党直接对接不同，他依凭“民族主义”精神，提出使该校要“担负普法战争后法国政治学校所担负的责任”，要从革新政治入手复兴中国。[②] 罗在治理这两所大学中运用不同的策略，显示出他很有变通性的一面，更显示出他在政治和学术两方面的才干。

上述三点可以说是罗执掌中央大学之前在政治、学术两方面能力的预演。在主持中央大学近十年的经历中，他把治理清华和治理中央政治学校的不同理念交融起来，找到了使学术和政治和谐共生的一种路径——以德国柏林大学为模板，以“建立有机体的民族文化”为总纲治理中央大学。[③] 在《中央大学之使命》一文中，他对这个总纲进行说明和概括，提出：“我们设在首都的国立大学，当然对于民族和国家，应尽到特殊的使命，然后办理大学才有意义。这种使命，我觉得就是为中国建立有机体的民族文化。”[④]在德国大学理念中包含着学术、研究和民族主义两个向度，蔡元培在执掌北大时对德国大学理念的引介侧重于前者；罗家伦治理中大则

---

① 对罗家伦与清华大学关系的论述，代表作是苏云峰的《从清华学堂到清华大学（1928—1037）》（三联书店 2001 年版，第一章《北伐统一与罗家伦出主清华》）。

② 罗家伦：《中央政治学校的使命》，《中央政治学校校刊》第 51 期，1933 年 1 月 1 日。

③ 对罗家伦与中央大学关系的论述，代表作是许小青的《政局与学府》一书（第五章《罗家伦与“中央化”的初步完成　1932—1937》），还有他的《诚朴雄伟 泱泱大风——中央大学校长罗家伦》一书。

④ 罗家伦：《中央大学之使命》，《国立中央大学日刊》1932 年 10 月 20 日，第 820 号。

侧重于后者。这一方面是时局使然,罗执掌中大主要在1930年代民族危机重重的情景下,作为校长尤其是中央最高学府的校长,这种选择无疑是正确且合宜的;另一方面则显示出罗力图贯通学术与政治两途的抱负——从大学和文化入手推进民族的复兴。

在大学这个场域内,政党、学人与校长三方对于大学的理念往往认知不尽相同,甚至会产生矛盾和冲突,民国时期大学的学潮、校长更替、学人流动很多由此而生。中央大学在三方势力的博弈中更见戏剧性,因为这里政党的势力干预更强,被任命的校长往往具有开拓疆土的野心和抱负,而这里的学人也有着更多的“正统”意识和优越感。本节描摹前两方势力的整体图景,对于下文论述中大学人经由办刊活动呈现的教育理念是一个大背景和参照系。矛盾、冲突,调和、适应,林林总总的过程呈现出中国大学的特殊性,也显示出中国学人的一些整体性面向。

二、中大学人群的教育理念

中大学人群的教育理念自然不是铁板一块,整齐一律的。即便本书所论具有延续性和传承性的中大学人谱系,也基于各自不同的学术背景产生各自的教育理念;在不同时段,理念也时有调整,比如说1920年代、1930年代、1940年代其对于教育的看法便各具特色。本节所论是他们对于教育根本性的理念与价值观,这个在民国时期是相对稳定的,不随“党化教育”、中大校长治校理念以及时局的变迁而发生骤然变化。只有从较长时段、从不同学人刊物上进行连贯性的考察，才能探究其不随时移的对教育、对大学的看法，也才能挖掘其教育理念的精神来源。

因为作为首都大学和中央学府的学人，并且比起自由主义知识分子、激进主义学人与政权、体制有着更为密切的关联与合作，中大学人往往被视为体制内知识分子。这种说法有一定的合理性，但更多是并非基于学理辨析的人云亦云。论学与论政是最能观测学人立场的两个话题阈，从学人自办的刊物中条分缕析其在这两方面的言论主张，有助于我们基于学理角度客观辨析靠近政权、体制的中大学人的精神追求，以这批学人群为棱镜，亦可照见中国知识分子可资借鉴也理应反思的一段精神史。

从《学衡》《史地学报》《文哲学报》《东南论衡》《国风》《时代公论》《思想与时代》等与中大学人群谱系紧密相关的刊物梳理下来，可见其基本的教育理念。

理念之一：教育关乎国家兴衰与文教命脉，为一国之“最高权”

教育关乎国家兴衰与文化命脉，此点在诸家诸派学人眼中并无争议。钱穆曾在1940年代与张其昀、张荫麟、郭斌龢、谢幼伟、贺麟、朱光潜等教授一起，成为《思想与时代》杂志的核心撰述，他的人文主义教育理念、会通的文化观念也与张其昀等中大学人心气相通。关于教育与国家的关系，钱穆在《理想的大学教育》[①]中有经典的论述：

① 钱穆：《理想的大学教育》，收入《世界局势与中国文化》，台湾东大图书公司1992年版。

> 任何一个国家,所以能存在而达于兴盛,必然有它一段立国精神。那一种立国精神之培养保持与宣传,则必待于国家之教育,而大学教育,则尤是这一种精神之发源地与司令室。所以一国的大学教育,乃是这一国家文教大业之所寄。由文教而培植出士风。士风所播,乃在全国政治社会各部门各方面发生一种领导力量。无形中,它是这一个国家的立国精神之中心集散点。必得明白了这一层,乃算明白了大学教育在整个国家中的真任务。
>
> ……
>
> 建国必先建人,兴国必先兴才,这仍是一条颠扑不破的大原则。先救学术,先救人才,然后始能救国家。没有学术,没有人才的国家,到底将不得救。

钱穆在文中还提及,立国精神之培育,"这一番责任,仍然应该寄放在从事学术文化高深研讨的最高学府,即大学教育的肩膀上,却不能寄放在以争取当前现实政权为主要目标的一个政党集团上。"

教育是"国家文教大业之所寄",是"立国精神之中心集散点",与政党、政治相比,更能扛起立国之大业,这些观点,在中大诸学人刊物中也早有提及。陈黻宸在《道德教育说》中提出:"立国之道二,曰政治,曰教育。教育者,政治之本。"[①]而柳诒徵则在《教育之

---

① 陈黻宸:《道德教育说》,《学衡》第45期,1925年9月。

最高权》中提出："吾国古代圣哲之理想，盖主张由教育发生政治，而不使政治之权驾乎教育之权之上。故一国之中，惟教育之权为最高"；"天子者尚非最高之一阶级，其上尚有一阶级焉，曰师。故中国古代所谓师者，至高无上不受制于任何富贵权势之人者也"。[①]柳诒徵的代表作《中国文化史》最初在《学衡》连载，在第一篇第十八章中，柳提及教育关乎国家兴衰，周室的勃兴与发达的教育体系息息相关，"殷商之世，教育发达，其人才多聚于周，而周遂勃兴"。[②]

理念之二：教育的本质是精英化、无功利、尊德性的

梅光迪是学衡派主力，他在《论今日吾国学术界之需要》[③]一文中明言其精英主义教育理念，很能代表中大学人的整体取向。梅指出，真正学者为一国学术思想之领袖，属于少数优秀分子，非多数凡民所能为也。故欲为真正学者，除特异天材外，又须有严密之训练，高洁之精神，而后能名副其实。训练之道多端，而其要者有二，曰有师承，曰有专长。至其精神方面亦有二者最足以概之，曰严格标准，曰惟真是求。梅还指出，学术为少数之事，故西洋又称智识阶级为知识贵族，人类天材不齐益以教育修养之差，故学术上无所谓平等。平等主义之真谛在提高多数之程度使其同享高尚文化及人生中一切稀有可贵之产物，如哲理文艺科学等，非降低少数学者之程度以求合于多数也。对于新文化运动者提倡之平民主

① 柳诒徵：《教育之最高权》，《学衡》第 28 期，1924 年 4 月。
② 柳诒徵：《中国文化史》，《学衡》第 49 期，1926 年 1 月。
③ 梅光迪：《论今日吾国学术界之需要》，《学衡》第 4 期，1922 年 4 月。

义，梅认为断断不可施行于“天然不可平等之学术界”，对于在平民主义教育理念指引下产生的如“地菌野草”的杂志和读物，梅相当不以为然。

对于教育的功利主义取向，中大学人视之为西学传入以及新文化运动勃兴以来中国教育之危机。学衡派主力胡先骕在《论今日教育之危机》[①]中提出，教育有治事治学与修身二义，学术技能属于前者，造成健全人格使能正心诚意修身齐家者，属于后者。二者缺一则为畸形之发达。欧西文化在希腊鼎盛之时期，苏格拉底、柏拉图、亚里士多德诸贤讲学，咸知二者并重，至中世纪则基督教亦能代希腊文化以教人立身之道，在中国则自孔子同时主张博学笃行以来，知行合一已为不刊之论。至学校之教育，除物质科学外，人文学问亦极重视，故其教育所陶冶之人才，除有治事治学之能力外，无功利之修身志趣与习惯亦已养成之。但中国当前掌握教育资源的诸多欧美留学生只学到西学中的“专门”之学，“能胜专门之职务而甚少可称为有教育之人”，对于无功利的教育修身之义极少注意。“政府之所以腐败，国民道德之所以堕落，完全由于崇尚功利主义之故”，而欧美留学生堪称这种崇尚功利之习的代表者。由他们制定教育方针、主导教育走向，弊端立见。柳诒徵则在《学者之术》[②]中，深刻批判学者这种功利主义取向的“学者之术”，称今日号称不为官吏、不为政客、不为武人、不为商贾，自居于最高尚、最纯洁之地位之学者，其实乃一种变相之官吏，特殊之政客，无枪炮

---

① 胡先骕：《论今日教育之危机》，《学衡》第 4 期，1922 年 4 月。

② 柳诒徵：《学者之术》，《学衡》第 33 期，1924 年 9 月。

之武人，无资本之商贾，而绝非真正之学者……此等学者见于官厅、会场、报纸、专电，“终日奔驰于火车汽车而不息”，这种学者愈多，教育愈坏、学术愈晦、中国愈乱，然而“学者之术”愈进步。真正的学者是实验室图书馆之学者，追求“学者之学”，“埋首十年二十年名不登于报纸声不出于一境”，但官厅会场报纸专电火车汽车之学者，活动数年赫然可为“第二政府”，堪称社会功利主义盛行之乱象。刘伯明在《共和国民之精神》中则从对教育的更高期待出发，指出教育功利主义的危害。在刘眼中，共和精神“即自动的对于政治及社会生活负责任之谓也”，教育应该承担培养国民共和精神的使命，但因为功利主义之弊，使教育中所涵储能未尽量利用。故而，对于教育（包括中小学和大学教育），“凡其为教师者，俱有澈底之自觉，了然于教育之以造人为目的，非仅授与知识技能，则人性中之储能可以变更，俾适应共和之制”。

“尊德性”和“道问学”，语出《中庸》“故君子尊德性而道问学”，宋儒以后逐渐成为中国思想界的两大主流，到清代则演变成汉学和宋学之争，民国以迄当下思想与学术之争中也可见这种论争的脉络。朱熹言“尊德性，所以存心而极乎道体之大也。道问学，所以致知而尽乎道体之细也”。（《四书集注 · 中庸》）通俗说来，尊德性即注重道德的内省，道问学注重即物穷理，是两种本质上可以互补的治学路径。如果说清代学术偏于考据一途，走“道问学”之路，是对空谈义理、玄乎高蹈的“尊德性”之风的反动，那以柳诒徵等人为代表的中大学人推崇“尊德性”，提倡教育的道德力量则是对清儒的反动。陈黻宸为近代著名的教育家和历史学家，《学衡》推出其遗著《道德教育说》[①],比较清晰地阐述了“尊德性”的教育理念。他提出,政治和教育是立国的二道,但教育是政治之本,且“道德教育者,又教育之本也”。认为言共和必首重教育,重教育必首求道德之教育。认为如果没有道德标准,那“即令列校如林,附学如蚁,尽人皆读书识字而习俗如故,人心如故,于我中国又何救哉。”认为清朝亡,正在于道德感的普遍丧失,“清季光宣之世,世人尚权利,是丹非素,四维不张,靡然成习”,导致清朝之速亡。刘伯明、柳诒徵、梅光迪、胡先骕、缪凤林等中大学人借以与新文化人抗辩的一个重要基点也正是道德和修养。但他们对于教育的立场其实也未必完全是尊德性,而是追求尊德性与道问学的平衡,中学与西学融通,但在论述的策略上,他们更倾向于尊德性,接续传统的儒学资源,与“已破为礼”,以决绝姿态告别传统的新文化人相比,更有“正统”之自我优越感。

理念之三:教育必须要有独立的精神和自由的空间

争取教育独立,对于中国现代学人而言是个基本的命题。中央大学有其特殊性,作为政府倚重、具有“党化教育”试验田性质的大学,其受政治势力渗透程度自然较高;同时也与当时诸多高校一样,陷入教育经费拖欠或不足带来的发展窘境。故而,寻求教育独立难度相对较大。罗家伦等中大校长处于政府、学人之间,其治校立场更多是一种源自外部压力的平衡艺术;中大学人对于教育的

---

① 陈黻宸:《道德教育说》,《学衡》第45期,1925年9月。

主张,尤其是争取教育独立的主张,则更多出于内在的学理性思考。

刘伯明在《论学风》[①]一文中谈到大学应独立于政治,亦应独立于所谓的"商业主义"。首先,他认为大学学潮的滋生"源于政治未入正轨致舆情时甚激昂",与政治息息相关。欧洲大学自13世纪以来因为宗教政治之压迫也经常发生学潮,但"从无以一党一系之争牵入其中";而当下中国的学潮则"判若霄壤",与政治、政党、派系牵扯过多。政局影响大学是必然的,"然吾国政局如漫漫长夜,不知须俟诸何时方能睹一线曙光。一波未平一波又起,为学者如随之而转移则求学如读日报,零星琐碎,漫无律贯"。刘伯明并非反对大学与政治相关联,对于"一方求学一方关怀政治社会情况"并不反感,但坚持大学要有自己独立的精神。对于这些政治社会问题,"宜本学理之研究发为言论,其心廓然大公,不瞻徇任何党系之私意。惟以高贵之精神、崇伟之心理与国人相见,斯高尚之学风也。"其次,刘伯明认同美国社会学家华尔德的言论,认为"社会事业其不基于商业上供求原理者只教育一种而已",大学应与商业主义有所距离。对于商业主义对大学的侵蚀,刘伯明也较早提出,认为"二十世纪商业最盛,其影响所及至广且巨。最不幸者即今之学校亦且受其支配",学分计算是其中一个典型例子,教员按时计酬、成绩展览、登载广告增加声誉等,"凡此皆商业原理应用于教育之明证也"。知识在这种商业主义原理下成为"出卖品",大学成了

① 刘伯明:《论学风》,《学衡》第16期,1923年4月。

“知识之交易所”,私立大学发展迅速但“一察其内容则鲜不以营业为目的”。刘伯明认为这种商业主义对于大学精神的独立无疑是一种戕害。

柳诒徵等学人则主要从经济独立的角度展开论述。柳在《中国文化史》(第二编二十二章)中相当看重中国非官立的书院传统。“若书院之创自私人者,其田产当然属于书院,不至为政府没收,第须规划完善,经理得人,其事反视官立学校可恃”,柳氏看重中国的书院传统,正是推崇其自由与独立的风气:“讲学自由,经济独立,非今日学者所渴望者乎?”[①]中大教育系教授许恪士在《生产教育与破产教育》[②]一文中总结教育失败的主因“则仍在转移此教育与社会之经济势力”。认为经济势力可以支配一切,尤其是社会问题与教育事业,其命运“恒握于经济势力手掌之中”。要谋求教育的独立,必须使教育经费独立,并使教育经济脱离政治关系。路径有二,一则是办教育者要努力使教育经济成为生产事业,注重社会需要之职业教育,使学致于用,减轻社会负担;二是国家要有真正维护教育之决心,最好各省各地方在教育经费之中设法立一教育基金之基础,或发行教育公债,立一生产事业,为教育将来经费之源。中大教育学院院长程其保则在《教育界之总辞呈》[③]中提到教育经费的拖欠,严重影响到大学的独立,他举的是中央大学的例子,提到政府积欠中大经费至百万,现状已至无法维持。这还是在 1930

① 柳诒徵:《中国文化史》,《学衡》第 61 期,1928 年 1 月。
② 许恪士:《生产教育与破产教育》,《时代公论》第 3 号,1932 年 4 月 15 日。
③ 程其保:《教育界之总辞呈》,《时代公论》第 3 号,1932 年 4 月 15 日。

年代中大各方面受政府关照的情形之下，由此观别所大学，其状况之困窘自不待言。

对于争取教育的独立，中大学人在谈及外部因素外，也能反躬自问，从学人的角度，以及办学者的角度进行思考。刘伯明认为，学者的精神可以分为“五端”。一为自信之精神，所谓学者为百世之师，其思想感情超然于一时之好尚，故能亟深研几，毅然自持而不求同乎流俗，世人虽蔑视或非难之，而中心泰然不为所动，盖其精神已有所寄托也；二为自得之精神，自得者为己超然于名利之外，不自得者为人而以学问为炫耀流俗之具。其汲汲然唯恐不售，贩夫而已；三为具知识的贞操，“道德上守正不阿亦谓之贞”，主持真理不趋众好；四为求真之精神，亦即科学之精神，唯真是求，惟事实真理是求；五为审慎之态度。真正的学者，不敢自欺欺人，必待确有把握而后敢以问世。此种精神，可谓“知识的良知”。[①] 只有守此五种学者之精神，方有学人自身的独立，也才有可能真正有谈教育独立的基础。柳诒徵则从办学者的角度入手，指出当时办学者之乱象，“因招考而出卖学额，因保位而收买学生，卖固赚钱，买亦为赚钱，卖固使人失人格，买亦使人失人格……此选民卖议员政府买政党之法也”[②]，以这种不自重的姿态办学，何来教育之独立？

理念之四：教育必须经世致用，“学”“术”并举

发表于《思想与时代》的《释学术》[③]阐释了“学”与“术”的辩证

① 刘伯明：《学者的精神》，《学衡》第 1 期，1922 年 1 月。
② 柳诒徵：《论今之办学者》，《学衡》第 9 期，1922 年 9 月。
③ 洪谦：《释学术》，《思想与时代》第 31 期，1944 年 2 月 1 日。

关系,捋顺了教育必须经世致用的逻辑起点。洪谦在文中指出,学术并非与技术对立,因为学术就其性质而言,可分为学和术两大类。“学”指一切理论的系统知识,“术”则将各种学理的理论研究成果应用于社会之各方面,可以用广义技术包括之。“学”的任务和目的在于研求真理,探索真知,并为之建立理论上的根据和体系,是否直接有益于人类则非所注意;“术”的任务则以民生利病为对象,要以社会应用为重。学与术并非对立的关系,两者同为学术研究上不同之表现、人类文化生活上应有之内容,不仅言学术不应厚薄学或术,即谈民族文化生活之发展,亦应平衡学与术两端。真正的学术发达之国家或民族,无不有学与术两方面之特殊创造,学术与技术两部分之特殊发明;真正具有文化生活的社会或国家,亦无不有学与术两方面之精神思想实践态度,亦无不有学术与技术两部分的文化传统和社会环境。文章还指出,过去中国是厚学而薄术,结果养成虚妄不实的理论学说,养成衰弱不振的文化传统;现在又反过来,教育界普遍薄学而厚术,功利主义盛行,“则未来之结果不特无从技术上建国之可能,即吾人传统的文化精神和学术传统,亦行将随之而绝灭”。所以,“学”“术”并举有其必要性,更是一门平衡的艺术;经世致用是在“学”的基础上对“术”的追求,不可脱离“学”之根基,否则会堕入职业主义与功利主义。

经世致用有两个层次。第一个层面即面向社会、面向生产。柳诒徵在《论大学生之责任》[①]一文中指出大学学人对于今人的责

① 柳诒徵:《论大学生之责任》,《学衡》第6期,1922年6月。

任有两条,一是改革,二是建设。辛亥以来多数之人未尝不趋向改革,但主持改革者所行不能免于腐败结党争权敛金据位,与其所持国利民福之帜相背而驰,“在今日必须有数十百万真能了解自治之义之学者散布于各省各区域之县市乡镇,平心和气吃苦耐劳,愿尽其一生之心力测量其田土,调查其人口,修濬其河渠,开辟其道路,经营其实业,推广其教育,始可稍稍具有民国之基础”。柳诒徵还特别点明新闻事业之经世济用:吾意今日欲立国于世界,必须有多数有学问有道德之新闻记者大兴吾国之新闻事业;其散布内国各地者,固需数千百之大学生以高尚之学识发弘正之议论,不惟党囿不为利屈,专一唤起国民监督政府而自治其全境。学人从点滴小事分头并进,各殚所能,这样才有可能使社会各项事业得以逐步进展,而不至于皆“仰给于人”。在《中国文化史》第二编二十六章中,柳诒徵提出明代初年中国的教育体系堪称“善政”,不仅注重时文,对实务和实践也相当重视,注重学术之经世致用,“明之国学,第为储才之地,并无毕业之期。以师儒督其学,以世务练其才,随时选任,不拘资限”,惜乎科举兴起,士子埋首于时文,使“善政”尽废。[①]蓝梦九曾与梁漱溟创办山东乡村建设研究院,致力于乡村建设运动,《时代公论》刊发其文《改革教育的一点意见》[②],也是对其经世致用教育理念的认同。在文中,蓝梦九提出创立“教作用合一”之理论(学要致用,教宜以身作则);主张教育与建设打成一片(用教育来造成建设的动力,用建设来完成教育的使命,将教育与建设正

① 柳诒徵:《中国文化史》,《学衡》第62期,1928年3月。

② 蓝梦九:《改革教育的一点意见》,《时代公论》第91号,1933年12月22日。

式打成一片,以期能达到教育与建设真正的目的);立教育三大原则(施行中国的教育;施行生产的教育——今后的教育,要首先确定方向在实际的生产,反劳心为心身并劳,反治人为治事,反贵族和资产阶级的教育为民众教育和社会教育,一切施行均直接以促进社会生产为目的;施行复兴的教育——把教育的任务确定在复兴农村、复兴产业、复兴文化、复兴民族四大工作上);制定社会本位之教育系统(形成社会本位的教育)等。这篇文章是对教育何以经世致用的系统化论述。

经世致用的第二个层面是培养“共和精神”,参与社会进程。这是在面向社会、面向生产层面上的升华。刘伯明对这种“共和精神”有所阐释。在《共和国民之精神》①一文中,刘伯明指出,“共和精神,非他,即自动的对于政治及社会生活负责任之谓也”,五四运动便是其总爆发之表现。虽然五四运动有使“新潮漫溢”“解放之声日益喧聒”等缺点,但该运动对于一个积习过深,必经激烈之振荡而后始能焕然一新的古国是必经的阶段,和法国的百科全书派,德国的理想主义运动等一样,致力于文化的普及和国民精神的提升,达到推翻压迫自由的制度之目的。在刘眼中,培养共和精神是发挥教育潜能的重要方式,也是社会完成共和目标的一个重要方面,只有通过教育变更人性中之储能,才能适应共和之制。在《再论学者之精神》②一文中,刘伯明指出专门研究虽然要紧,但对于社会生活方面的事情同时也要关注,这样所研究的社会意义才能明

① 刘伯明:《共和国民之精神》,《学衡》第10期,1922年10月。
② 刘伯明:《再论学者之精神》,《学衡》第2期,1922年2月。

了。“世无离人生而孤立之学问,而学问又非供人赏玩之美术品也”,必须关注学问与人生之间的关系。虽然人类和社会趋重“分业”,但学者治学并非只是职业所在,这只是“狭隘职业主义”,“真正学者一面潜心渺虑致力于专门之研究而一面又宜了解其所研究之社会的意义。其心不囿于一曲而能感觉人生之价值及意义或具有社会之精神及意识,如是而后始为真正之学者也”。柳诒徵对于1920 年代此起彼伏的学潮虽然整体持保留态度,但是揆之于历史,他对于学潮中体现出的学人的参与精神则是肯定的:“学潮非美事也,造成学潮之因,不外权奸误国,宦寺擅权,外侮凭陵,内政腐败,黜陟用舍之非其人,致读书明理之士奋不顾身欲为国家社会定大计抗外祸辨贤奸明伦理御之之法。”①

对于经世致用的误区,中大学人有所警醒。刘伯明、柳诒徵等学人在阐述教育之用时,同时提醒不可陷入实用主义、职业主义、工具主义、机械主义的误区,而忘记教育对于涵养与完善人格、提升道德修养的重要意义。“学”“术”并举,方使教育不至于迷失其本心。柳诒徵在《中国文化论》(第一编第二十五章)中指出:“教育之功,至于尽物性,参天地,则不独为一时一世之人群谋矣……而区区于知识技能意味教育之大事者,抑又不足深论矣。”②钱穆在发表于《思想与时代》的《理想的大学教育》③一文中,对教育走向实用主义致使受制于外部环境有形象的描述:“且职业与知识,其事俱

① 柳诒徵:《学潮徵故》,《学衡》第 42 期,1925 年 6 月。
② 柳诒徵:《中国文化论》,《学衡》第 51 期,1926 年 3 月。
③ 钱穆:《理想的大学教育》,收入《世界局势与中国文化》,台湾东大图书公司 1992 年版。

受外界的支配。社会如一大机器,而人生则仅当于机器中一零件。孰为锅炉,孰为螺旋,方其入学应试认选课程之时,大体早已决定。锅炉有销路,则人尽求为锅炉;螺旋偶缺乏,则人又竞为螺旋。如此而已。人人自以为有自由挑选之权,而实人人为外界条件所推排,为外界环境所限制。”

三、中大学人群教育理念的思想渊源

以上所述中大学人群之几个基本教育理念,即教育关乎国家兴衰与文教命脉,为一国之“最高权”;教育必须经世致用,“学”“术”并举;教育必须要有独立的精神和自由的空间;教育的本质是精英化、无功利、尊德性的,放在民国时期学人教育观脉络中,有其共通之处,也有其特殊之处。

共通之点在于教育的重要性、教育的经世致用、教育的相对独立性等,即便如教育的精英化、无功利、尊德性等,也较为中庸平正,均非独特或骇人之论。学衡派等中大学人曾激烈辩驳的新文化学人的教育理念,对照起来共性不少。比如胡适,作为自由主义知识分子的代表,他对于教育的独立性阐释较多,1920 年代以《新月》为阵地针对国民党政府展开“人权与约法”论战,1930 年代与同人再创《独立评论》,“希望永远保持一点独立的精神,不依傍任何党派,不迷信任何成见,用负责任的言论来发表我们个人思考的结果”。这些刊物中关于教育的论述也都带上了争取“独立”的气质:独立于政治、独立于宗教,“古今中外,凡思想可以自由发表,言论不受限制的时候,学术就能进步,社会就能向上,反之则学术必要晦塞,社会必要退化”。[①] 另一位五四健将陈独秀虽然论述口吻相对激进决绝,在教育与政治、社会的关系上强调教育介入社会政治,唤醒民众改造国民,认为“教育虽然没有万能的作用,但总算是改造社会的重要工具之一,而且为改造社会最后的唯一工具”[②],认为“教育独立,不问政治”是“毫无常识的话”,“是亡国的哀音”[③]。但总体看来,这种论调是在强调教育的主体性和“最高权”基础上对其经世致用功能的强调,并非从根本上对教育独立、学术自由等理念的反动。从表面上看,诸家诸派教育理念似乎冲突和矛盾不多。但由于思想渊源的不一致,导致诸多分野,不仅学衡派等中大学人与新文化人有分野,新文化人内部也并非铁板一块,甚至这种分野还来得更为激烈和戏剧性。从学人刊物中探究,中大学人群教育理念之思想渊源主要有二,一为传统的儒学,二为以白璧德为代表的新人文主义,而这两者在中大学人的自我论述中,有着本质相通之处。推崇传统的儒学、推崇在西方似乎逆流而动的“新人文主义”,与胡适等人推崇杜威的实用主义,陈独秀、李大钊等推崇马克思主义相比,自然迥然相异,包括教育理念在内的整体社会观、价值观也自然有所分途。但如用历史的眼光回溯当初学人的不同选择,价值评判可先搁置,客观思考他们的学术理路,看待他们对

---

① 胡适:《思想革命与思想自由》,《胡适文集》第11卷,北京大学出版社1998年版,第200页。

② 陈独秀:《平民教育》,《陈独秀著作选编》第2卷,上海人民出版社2009年版,第429页。

③ 陈独秀:《教育界能不问政治吗?》,《陈独秀著作选编》第3卷,上海人民出版社2009年版,第14页。

中国发展的方向、对中国教育的走向、对大学与学人精神的真诚求索,对于今之教育、今之学人启发可能更大些。

思想渊源之一:孔子与儒家教育思想

作为中大学人群的灵魂人物,柳诒徵一直极力推崇孔子的地位,认为孔子是“中国文化之中心”:

> 孔子者,中国文化之中心也。无孔子则无中国文化。自孔子以前数千年之文化,赖孔子而传;自孔子以后数千年文化,赖孔子而开,即使自今以后,吾国国民同化于世界各国之新文化,然过去时代之与孔子之关系,要为历史上不可磨灭之事实。故虽老子与孔子同生于春秋之时,同为中国之大哲,而其影响于全国国民,则老远逊于孔,其他诸子,更不可以并论。[①](第一编二十五章)

孔子推崇自我完善的无功利性教育观,正是柳诒徵教育理念的主要来源:

> 孔子办学之目的,在先成己而后成物。其成己之法,在充满其心性之本能,至于从心所欲,不逾矩之境,而一切牖世觉民之方,乃从此中自然发见于外。

---

① 柳诒徵《中国文化论》,《学衡》第51期,1926年3月。

孔子之学,首重者,曰"成己",曰"成人",曰"修身",曰"尽己",其语殆不可以缕举。惟其以此为重,故不暇及于外,而怨天尤人之意……自孔子立此标准,于是人生正义之价值乃超越于经济势力之上。服其教者,力争人格,则不为经济势力所屈,此孔子之学最有功于人类者也。[①]（第一编第二十五章）

中大诸学人在与新文化人辩驳时,所赖的一个重要理论资源就是传统的儒学。在《学衡》创刊号上,第一张插画便是孔子。在《国风》杂志的特刊中,第一个即为孔子诞辰特刊。特刊中,有梅光迪的《孔子之风度》、柳诒徵的《孔学管见》、缪凤林的《谈谈礼教》、郭斌龢的《孔子与亚里士多德》等文章。前文已经详述这些文章的基本观点:"吾国立国之精神大半出于孔子之说。盖孔子学说为中国文化泉源,与基督教之为欧美文化之泉源相若";新文化运动者摧残、推翻孔学的姿态,致使中国的思想界、教育界陷入混乱和无政府状态,应通过提倡"新孔学",提倡"较五四运动更新而与之南辕北辙之新文化运动",重塑孔子与儒教在中国的"国魂"地位,这是"救弊之惟一方法"。而在中大学人眼中,教育也因为新文化人打倒孔学的姿态而失了本根,所谓的"新教育"是使教育趋于破产的一个恶因。

在中大诸学人的论述中,郭斌龢对孔学的推崇具有更多中西

① 柳诒徵《中国文化论》,《学衡》第51期,1926年3月。

贯通的视角,且有破有立,值得关注。他在《国风》孔子诞辰特刊中写有《孔子与亚里士多德》一文,提出孔子和亚里士多德学说有相似之处,都能以稳健平实之态度,观察人生的全体;两人对于人性也有相似的看法,认为后天教育与修养对于人的心性培养非常重要;两人的伦理道德也有相近之处,都出于“中庸之道”,讲究“君子”之德与“庄严”之风。在北平华文学校的英文演讲《孔学》中,郭认为孔学是一种“人文主义”而非宗教,应是知识阶级和学人的普遍修养,中国社会(包括教育界)需要的是一种“新孔学运动”,这是推动中国一切改革和发展的原动力。[①] 在发表于《思想与时代》第5期的《柏拉图之生平及其教育思想》一文中,郭称柏拉图重理想富热情,一意求真,性格与吾儒为近,其志趣亦与己立立人己达达人之旨不甚相远。柏氏一生出处进退颇有吾儒风度,其教育思想,复兴大学之格致诚正修齐治平之道,有若干不谋而合之处。其论音乐与运动之道德效力以及刚柔之当互济,文质之宜兼施,亦儒者之所恒言,而《礼记》中“乐记”“射义”诸篇加以推阐发挥者也。在柏拉图看来,有教育而后有政治,非有政治而后有教育,这和儒学或曰孔学是相一致的。所以,这篇谈柏拉图教育思想的文章实际上被郭用以宣传和推崇孔子与儒家的教育理念。张其昀是柳诒徵的得意门生,是中大学人群中的活跃分子,其在台湾的办学办刊实践使中大学人群教育、文化理念得以传承和延续。在《大学的使命》[②]

---

① 详细报道参见《新孔学运动》,《大公报·文学副刊》1931年11月2日。(《大公报·文学副刊》是学衡派的另一个阵地,吴宓主编)

② 收入《张其昀先生文集》第十七册,台北中国文化大学1989年版,第8766—8770页。

这篇演讲中，张其昀认为大学的“最高义谛”为独立的人格、自由的心习以及统一的精神，孔子与儒学对这三者均有丰富的论述。“二千五百年以来，孔子为全民族的师表，以孔子学说仁为中心，全民族一道同风，一视同仁，造成了大一统的规模；而汉唐盛世，国威远震，考其原因，不在武力的兼并，而在文化的坚凝为一。”

柳诒徵在《中国文化史》提及，“虽老子与孔子同生于春秋之时，同为中国之大哲，而其影响于全国国民，则老远逊于孔，其他诸子，更不可以并论”。这里的“其他诸子”中，墨子之说与孔学有接近之处，且墨学被新文化人引以为思想资源之一，所以引发以柳诒徵为首的中大学人的强烈反弹，这种反弹具有一定的思想史意义，对于以儒学为宗的中大学人而言，也是理顺自身思想资源的一个契机。对于儒墨两家之异同，高远东有详细论述，在《论鲁迅与墨子的思想联系》①一文中，高指出儒墨在战国时并称显学，两家相互驳难甚烈。孟子曰“墨子兼爱，是无父也；无君无父，是禽兽也”。《墨子》也有《非儒》专章。但二者又有很多接近之处。所谓“墨出于儒”(《淮南子·要略训》)。“二者最大的相同，在于均为用世之学，都强调个人对社会、国家之政治、经济、教化诸方面的积极作为；对于个人成就的方法，都强调道德和事功、思想与行动的统一”。两者最大的不同，在于其对于人、社会、国家之本质的认识。墨子很少像儒家那样从道德、礼乐、教化方面关注社会政治秩序，他最关心的是“欲国家之富，人口之众，刑政之治”事功。在他的大

---

① 高远东：《论鲁迅与墨子的思想联系》，《现代文学研究丛刊》1999 年第 2 期。

同理想中,人的本质在于劳动,劳动及交换关系的扩大构成了社会,决定着社会政治、法律、道德、风俗制度及意识形态的属性,这使得墨学在新文化运动中被持平等主义、民本主义的新文化人广泛征引,甚至出现“墨学复兴”的景观。柳诒徵在《读墨微言》[①]中,对于儒墨两家之异的论述显得比较激动,正如中大学人在面对新文化运动者时难以客观平静一样。柳认为“墨子之道本不能通行,自战国以来,墨学久绝者”,并非大众皆被孟子所愚,“实由墨子之说拂天性而悖人情”所导致。孟子曰,逃墨必归于杨,逃杨必归于儒,正因为这两种极端主义皆有行不通之处,儒学适处其中,区分辨析措置适当。杨墨之辨至显,儒墨之辨至微,然不辨于其微,则其为害至巨。拿孝而言,柳认为“墨子之意专为交易起见”,“人人以市道相交比至真诚尽泯,此实儒墨之大判。儒家讲动机而墨讲功利,墨说似近人情而不知其斲丧天性,流弊不可胜言也。”

柳诒徵在《读墨微言》中提及有扬墨的文章称,“老为君学,孔为臣学,墨为民学”,对这个很有力度的批评,柳并未正面回应,而是避重就轻地说“老孔之为君臣之学与否姑置勿论”,引经据典证明“墨学最专制最尊君”。这里面掩盖了一个可能的矛盾或者发展趋向,那就是儒学向来是封建政权维系大统的依据,当代学人以儒学作为思想资源,如果缺少独立的品性与学者之超然,很容易成为所谓的“臣学”,也很容易被贴上保守主义的标签。当被中大学人

① 柳诒徵:《读墨微言》,《学衡》第12期,1922年12月。

作为思想资源的儒学日益被国民党政权取功利主义姿态用以立国、理政、发展文教事业,中大学人群日益进入智囊与国士团队与政权“契合”时,五四新文化人当初对他们“保守主义”的批判显得顺理成章了。

中大学人群教育理念来源之二:以白璧德为代表的新人文主义

欧文·白璧德(Irving Brabbit,1865—1933)是哈佛大学法国文学和比较文学教授,文学和文化批评家,被认为是美国新人文主义的代表人物。段俊晖将白璧德放在美国批判人文主义的学术脉络中,认为美国 20 世纪初欧文·白璧德的新人文主义,20 世纪中期莱昂纳尔·特里林的批判性自由人文主义和 20 世纪末至本世纪初爱德华·萨义德的世俗人文主义代表了这条学术脉络的三个节点,其思想主线分别是道德想象、自我或主体性和民主精神,它们构成了批判人文主义始终延续的血脉。[①] 对白璧德作这样的定位,视野是相当开阔的,也有助于理解白璧德对中国学人的影响。白璧德代表作包括 *Literature and the American College*(《文学与美国的大学》),*The New Laokoon*(《新拉奥孔》),*The Master of Moderm French Criticism*(《法国现代批评大师》),*Rousseau and Romanticism*(《卢梭与浪漫主义》),以及 *Democracy and Leadership*(《民主与领袖》)等。其学生包括艾略特、沃伦等著名文学批评家,而他在中国的弟子则包括梅光迪、吴宓、楼光来、林

① 段俊晖:《美国批判人文主义研究——白璧德、特里林和萨义德》,北京大学出版社 2013 年版。

语堂、梁实秋、范存忠等。梅光迪、吴宓、汤用彤等人在哈佛大学受白璧德的深刻影响，回国在东南大学创办《学衡》杂志，其精神之重要渊源即为白璧德的新人文主义。反过来说，也正是因为梅光迪、吴宓等弟子在国内最先且不遗余力的介绍，白璧德新人文主义思想得以在中国传播，并成为与当时新文化运动相抗辩的一股重要力量。

《学衡》上与新人文主义相关的介绍与评论文章有《白璧德中西人文教育谈》(第 3 期)、《现今西洋人文主义》(第 8 期)、《白璧德之新人文主义》(第 19 期)、《白璧德论民治与领袖》(第 32 期)、《白璧德释人文主义》(第 34 期)、《白璧德论欧亚两洲文化》(第 38 期)、《薛尔曼现代文学论序》(第 57 期)、《穆尔论现今美国之新文学》(第 63 期)、《白璧德论今后诗之趋势》(第 72 期)、《穆尔论自然主义与人文主义之文学》(第 72 期)、《薛尔曼评传》(第 73 期)、《白璧德论班达与法国思想》(第 74 期)等。在本书所及中大学人刊物中，《学衡》介绍白璧德新人文主义是最早也是最系统的。

梅光迪是白璧德的第一位中国弟子，在《现今西洋人文主义》一文中，梅指出引入以白璧德和穆尔新人文主义的动因:“然吾之急欲为介绍者，尤以其深知东方文化也……白璧德先生兼及吾国文艺哲学，凡英法德文之关于吾国文艺哲学著作，无不知，而尤喜孔子。两人故皆得世界各国文化之精髓，不限于一时一地，而视今世文化问题，为世界问题者也。故其学博大精且非囿于一孔者所可比拟。其言东方文化，尤具批评眼光，非如吾国学子之徒知尊古盲从，故吾国固有文化中之缺点流弊，亦可得两人之说以补救之。”梅文点出白璧德新人文主义与中国传统文化，尤其是儒家文化的相呼应处，而白璧德能站在世界文化大势的基础上融会贯通，对中国文化有补救之效。在《白璧德中西人文教育谈》（第 3 期，胡先骕译）一文开篇，吴宓写下按语，是对白璧德学说的精要概述：其讲学立说之大旨，略以西洋近世物质之学大昌，而人生之道理遂晦，科学实业日益兴盛，而宗教道德之势力衰微，人不知所以为人之道。于是众惟趋于功利一途，而又流于感情作用。宜博采东西，并览今古，然后折衷而归一。

对白璧德新人文主义理念介绍较为系统的文章是在 1940 年代的《思想与时代》（第 46 期）上，该期为"梅迪生先生纪念专号"，对于这位学衡派主力以及中大学人的缅怀与追忆也正是中大学人共同体意识的某种呈现。另，"吾国人受业于白氏之门者，以梅迪生为最先"，故而悼念梅氏也自然兼及白璧德。张其昀在同刊于该专号的《白璧德——当代一人师》一文指出，白璧德以研究比较文学为志业。认为文学之根底在于思想，大学之人文教育非为专才教育而为通才教育，其所欲培养之人才，非仅为学者而又为君子。在白璧德看来，世界自成一单位，历史应为整个人类之记载，孔子、释迦、耶稣与亚里士多德，其地位同等重要，又以美国之地位介于欧洲与远东之间，应为沟通东西文化之桥梁，而不应树立东西之壁垒。白璧德提倡的新人文主义是和人道主义、浪漫主义/惟情主义、自然主义等思潮相对而言的。新人文主义与人道主义之区别，在于人道主义为一种无差别之同情，人文主义则为有差别的，即按关系之深浅而有亲疏厚薄之分，亦可称为同情的选择。一为兼爱，一为有度量分际之爱，两者截然不同，犹吾国古代儒墨二家之分。新人文主义与浪漫主义/惟情主义迥然相异。浪漫主义偏重感情,趋于极端,以感情衡量万事,故又称惟情主义。新人文主义则是从自己的修养入手,以好学深思,进德修业,“向内做功夫”为要义。浪漫主义献身于群众或一阶级,其弊为外重内轻。人文主义讲求本末先后之序,注重深沉之思考力,谋理想与感情之和谐,而求人格上之完整。浪漫主义的感情运动,其结果往往有破坏无建设,使健全之人格为之瓦解。人文主义之倡导可以矫正浪漫主义之流弊。人文主义之理想为君子之风,君子有三长,即中庸、敏感与合理。中庸之义为克己,有节制,毋太过,综合各极端而掌握其重心之所在,故能趋于中行,不激不随;敏感相当于中国之仁字;合理相当于中国之礼字,曰仁,曰礼,曰中庸,以此三者释君子之德行,与中国儒家学说最为接近。新人文主义与自然主义也迥异。自然主义受达尔文学说的影响,至19世纪后半期(英国维多利亚时代)而大盛。美国机械文明与大量生产之发达尤过于他国,故大多数人眩惑于物质上之繁荣,醉心于科学之权力,对于较高之文化价值不免淡然置之。新人文主义则不迷失于炫目的技术进步与机械文明,主张人格的涵养和道德的力量。应该说,源自美国所谓的新人文主义实际上仍是西方历史悠久的人文主义传统的一部分。在20世纪前半叶的世界发展大势中,新人文主义所提倡的中庸、平衡、协调、人格、道德、节制等关键词更多地具有向传统、向既往回溯的意味,与民主、自由、进步、革命、革新等我们熟悉的语汇截然不同,所以不管是白璧德在美国,还是梅光迪等中大学人在中国,其主张因其相对稳健和保守的姿态而不可能成为主流与大势。

教育理念是新人文主义的一个重要组成部分,与其整个思想体系是一脉相承的。新人文主义的教育理念核心观念有三。一为"全人的教育","教人以所以为人之道",以人文的标准来发展个体的自由,注重人格涵养和通才教育,是向近代欧洲"绅士教育"思潮的回归("绅士教育"的教育理念是英国哲学家J.洛克在《教育漫话》中提出的,德行、智慧、礼仪和学问是绅士教育的重要方面),更是对教育中专业主义、技术化以及人性异化的反拨。二为精英的教育,从上文对新人文主义与人道主义、浪漫主义、自然主义的区分看,它所强调的节制、平衡、适度、中行、"度量分际"等,均与平民主义格格不入,内含精英意识。而在本人所论中大学人群的教育观中,精英主义也是一个核心取向。梅光迪在《论今日吾国学术界之需要》[①]中即明言真正学者为一国学术思想之领袖,属于少数优秀分子,非多数凡民所能为也;学术为少数之事,人类天材不齐益以教育修养之差,故学术上无所谓平等。梅氏主张很显然受到其师的影响。三为中庸、适度、和谐的教育。新人文主义是建立在对浪漫主义之感情恣肆、自然主义之崇尚机械、科技与欲望的基础上的,其教育观也同样反对惟情主义与过于精密的分科、分工与专业主义,希望不管在感情与理性,科技与人文,还是自由与纪律、欲望与节制之间,均取一种中行、和谐的姿态,学衡派之所谓的"不激不随"很大程度上渊源于此。

---

① 梅光迪:《论今日吾国学术界之需要》,《学衡》第4期,1922年4月。

在中大学人教育理念之思想渊源中,向外则为白璧德之新人文主义,向内则是传统的儒学资源,这两方面其实是共通的。而不管是白璧德自己,还是梅迪生、张其昀等受其影响者,都曾论述中国传统的儒学与新人文主义的共通之处,比如对于中庸、节制、平衡等的追求,对道德力量、对人格与德性的强调等。白璧德在原登载于《中国留美学生月报》第 17 卷第 2 期(1921 年 12 月出版)的 *Humanistic Education in China and the West* 一文中指出,“欧西之旧文明,半为宗教的,半为人文的,此二者之首领,为亚里士多德与耶稣基督,亦犹如东方之有孔子与释迦牟尼也。”可以看出白璧德新人文主义本身对中国传统儒学还有佛教的某种呼应。中大学人对这两种有内在关联的文化资源的取用,并非机械套用,而是综合取用、融会贯通。从《学衡》杂志之“昌明国粹,融化新知”、《思想与时代》之“科学人文化”“融贯新知,沟通文质”等办刊宗旨可见,中大学人群的教育理念是站在中西方文化沟通、传统与现代对话的高度的,他们的教育理念,尤其是对于大学本身的思考,若放在更为开阔的历史视域中观察,其价值更为彰显。学者刘聪总结,白璧德人文主义运动在中国产生的最重要效应是成为催生现代新儒学运动的重要思想资源,其目的不是保守而在于推进中国文化的现代化。白璧德的中国弟子们是在寻找儒家文化现代化路途上与白璧德结缘,白璧德为他们提供了阐释和发扬儒学的新方法和新学理。①

① 刘聪:《白璧德人文主义运动与现代新儒学》,《文学评论》2009 年第 6 期。

第 3 章

学人论政:中大学人刊物中的国族观

对于中国现代学人而言,学术与政治各司其职、并行不悖的状态在很大程度上只是一种假设。这一方面源于中国学人受"兼济天下"的传统儒学熏染,另一方面源于现代中国此起彼伏的民族与政治危机,剥离人文关怀和价值判断的纯粹学术主观客观上都缺少生存土壤。学术为体、政治为用,在学术的自主和独立基础上"提携"和扶助现实政治,这是中国学人值得珍视的论政传统。1930 年代在应对现实国难时,以政治、法律等社会科学为背景的中大学人,与以人文学科为背景的中大学人,论政的姿态、策略以及理论依据有所不同。前者以《时代公论》杂志为中心,主要致力于具体政治制度的设计和取舍;后者以《国风》杂志为中心,致力于从文化、历史的视角阐述现实应对之策。两者均谨守学人论政基于学理、相对独立的本色。但应该指出，前者因“智囊”意识过强有伤学人论政之理性，后者因对“学者之儒”与“官方之儒”的距离把握不够有伤学人论政之通达，这些都足见大学、学人、国家、政党之间的复杂关联。《时代公论》《国风》等学人刊物是时代的棱镜，清晰、忠实地记录了中大学人应对国难的这段基于民族主义的精神史，更是现代大学与国家、民族相互作用的缩影。

一、学术为体、政治为用：学人论政的逻辑起点

近百年前，马克斯·韦伯分别以“以学术为业”和“以政治为业”为题，发表了至今仍对知识界影响巨大的演讲。在演讲中，韦伯强调学术与政治的分途。“学术”（以“科学”为主）不涉及终极关怀，不解决终极意义的问题，更不涉及政治观点，遵守的是事实原则和专业逻辑，负责知识的增长与推进；“政治”作为“一切自主的领导行为”和“支配权”，具有广泛的社会参与性和影响力，要求“训练有素”且讲究“经营”，遵守的是“责任原则”，“激情、责任感和恰如其分的判断力”是从事政治工作的“前提性的素质”。两者有各自的运行规则，都需要以“献身”的精神投入。韦伯反对在学术与政治之间游荡、做交易的行为，认为这只会导致学术荒废，且政治上毫无建树。[①]

中国学人对学术与政治的分途也同样有清醒的认知。学衡派

---

① 参见马克斯·韦伯：《学术与政治》，冯克利译，三联书店1998年版。

成员、《思想与时代》的主力之一贺麟1940年代在《学术与政治》[①]中提出:学术在本质上必然是独立的、自由的,不能独立自由的学术,根本上不能算是学术。学术是一个自主的王国,它有它的大经大法,它有它的神圣的使命,它有它特殊的广大的范围和领域,别人不能侵犯;政治也是独立自由的,它也有它特殊的领域,神圣的使命,它有它的规矩准绳,纪纲律纲……政治没有独立自由,便根本不能指导、统治、推动整个社会国家的经济、行政、教育、外交、军事等一切活动。长于政治的人,不一定长于学术,长于学术的人,也不一定长于政治……因为知与行,知理与知人,治学与治事,虽不无相互关系,但究有不同,需要两套不同的本事,大体上说,须得分工合作,而不易求兼全之才。被称为新儒家的徐复观先生曾由仕转向学,1950年代结合自身体悟于香港写下《学术与政治之间》[②]一文,提出政治与学术各有其领域,二者对真理的立场也不一致。站在学术的立场,总是以探求普遍而妥当的绝对真理为目标,并且各人对自己所认定的真理总是要负绝对的责任,不如此便没有所谓学术。站在政治的立场来说,任何学术上的真理,只能作为一个可以变动的相对真理;政治对学术真理,实际也只能负相对的责任。只有把学术对真理的立场与政治对真理的立场分开,才是保证学术的存粹性与政治的民主性的两不相妨、两相成就的大道。

以上两篇讨论学术与政治的文献与韦伯的"以学术为业""以政治为业"本质是相通的,钱穆、张其昀等学人也有相关表述。但

---

① 贺麟:《学术与政治》,《当代评论》第1卷第16期,1941年10月20日。

② 徐复观:《学术与政治之间》,香港《民主评论》第4卷第20期,1953年10月16日。

这种学术与政治各自专业化、并行不悖的状态对于中国现代学人而言只是个假设。在中大学人群的教育理念中,经世致用、“学”“术”并举是重要的方面,学术本就被分为“学”与“术”两方面,术的第一层面是面向社会、面向生产;第二层面是培养“共和精神”,参与社会进程。这第二个层面其实就是一种政治参与。对于中大学人而言,达到第二层面的术,才是学术与学人精神与价值的真正体现。

在韦伯的论述中,虽然并没有对学术与政治做价值高下的判断,但从对学人与政治家所要求的素质的分析中,可明显看出韦伯认为以政治为业者要求更高些。因为政治家不仅要遵从“信念伦理”,还要恪守“责任伦理”,除了要求激情、责任感,还要有恰如其分的判断力。即便是作为政治家外围的新闻工作者,他所需要的才干“同任何学术成就所必须的才能绝对不相上下”,而且“同学者相比,新闻记者所承担的责任要大得多”。一些品性上的缺憾,比如虚荣,于学人而言无伤大雅,但对于政治家而言,却是“对自己职业的崇高精神犯下了罪过”。对于中国学人而言,学术与政治之间的价值高下与韦伯所述是有出入的。从学术为体、政治为用,“以教统政”“提挈政治”等表述中足见中国学人的优越感与自我定位,这种优越感直接源于悠久的内圣外王的儒学传统,也与柏拉图《理想国》中的“哲学王”思想内在相通。

学术为体、政治为用思想是贺麟在《学术与政治》一文中提出的,贺麟虽毕业于清华大学,但作为学衡派一员以及《思想与时代》的主力,和张其昀等中大学人惺惺相惜。他提出,“通常一个上了轨道、自由独立的政府,一定会尊重学术的自由独立,一个自由独立的学术也一定能够培植独立自由的人格,帮助建树独立自由的政治。因为学术是政治的根本、政治的源泉。""由此足见学术和政治的关系,也可以说是'体'和'用'的关系。学术是'体'政治是'用'。学术不能推动政治,学术就无'用',政治不能够植基于学术,政治就无'体'。……政治是学术的由知而行,由理想而事实,由小规模而大规模,由少数人的探讨研究到大多数人的身体力行。政治没有学术作体,就是没有灵魂的躯壳,学术没有政治作用,就是少数人支离空疏的玩物。"在论述了体用关系后,贺麟得出的结论是:任何建国运动,最后必然是学术建国运动;学术是建立国家的钢筋水泥,政治本质上皆应当是一种"学治","开明的政治"就是"学治的政治"。由此鼓励在国难时分,在抗战建国国策确定后,学人对政府尽量取辅助贡献的态度,政府对于学术界也取咨询尊重的态度,"希望我们中国渐渐有自由独立的政府,来尊重自由独立的学术,同时也渐渐有自由独立的学术,来贡献于自由独立的政府。"

"以教统政"思想是朱光潜在《政与教》一文中提出的。朱光潜也是《思想与时代》的主力,当时为武汉大学教授,该文刊发于《思想与时代》第3期。文章指出,政之职在治,治之具为制度法律。教之职在化,化之具为德行风范与思想学术。政教并行,相得益彰,盖为社会安宁与文化进展之首要条件;政教脱节,政以其权乱教,或教不能以其潜力导政,则文化衰落与社会紊乱为必然之结果。在现阶段文化过程中,政教分群已为牢不可破之事实。在两者的关系上有以教辅政、以政统教、以教统政三种模式,第一种为近代英美诸民主国家所循,第二种为近代德意日诸集权国家所循,第三种是“中西大哲人不谋而合之最高理想”,也是和我们的文化传统一脉相承的理想模式。

“提挈政治”思想是徐复观在上述《学术与政治之间》一文中提出的。学术在何种意义上可以提挈政治?学术之优越感源自何处?徐复观认为,政治的本质是立足于人文精神的大原则之上的,承认“生”即是价值,“生”要有意义。正统的人文主义都是以“生”为第一价值的,中国的儒家在这方面尤为明显,儒家精神是民主政治真正的依据。学术粗略可分为成就知识和成就人格两部分,知识以概念来表示,人格以性情来表示。儒家精神、人文精神不是以概念为主的学问,它须要知识,至少是不反对知识,但主要的是成就人格而不是成就知识。人格表现为动机、气象、局量、风采,这四者是表现一种人生价值之全的,所以不仅可以提挈政治,而且也可以提挈人生一切的活动,予一切活动以活力,并端正一切活动的方向。

在学术为体、政治为用,“以教统政”“提挈政治”等观念下的学人论政,除了有学人的自我优越感,更有充满责任感的家国情怀,是中国现代学人在传统的儒学熏染与现代专业学术训练两方面综合形成的言论自觉。本书所论的中大学人群是对传统文化抱有温情的典型群体,其论政中体现的新旧交杂、传统与现代并立,甚至保守的姿态,只有贴合到其学术理路中,才能获得客观的呈现和“了解之同情”。中大诸学人刊物发刊辞或卷首语很明晰地体现了该学人群的家国情怀。在《史地学报》这份专业刊物上,“同人深维史地之学,一由时间之连续,示人类之进化;一由空间之广阔,明人类与自然界之关系”,体现出该刊试图从史地专业视角出发,传达中大学人的家国观和整体文化观。《国风》是应 1930 年代国难而生的综合刊物,柳诒徵起草的发刊辞令人动容,面对国难,学人焦灼之情溢于言表,但其表述又是理性而专业的学人视角:“斯刊职志,本史迹以导政术,基地守以策民瘼,格物致知,择善固执;虽不囿于一家一派之成见,要以隆人格而升国格为主”。《时代公论》与胡适等人创办的《独立评论》诸刊相比,因地处首都,且体制内的色彩浓厚,往往令论者有保守落后之感,但这份同样应国难而生的刊物也同样谨守着学人论政的本色。刊物发行人张其昀声明,“时代公论公器也,大学教授之公开讲座也。大学既以思想自由为原则,大学教授所发表之言论,自不受任何政党之拘束。既在同一刊物中两相反之论调,苟能持之有故,而言之成理,暂不妨同时并存,而一任读者之比较选择,此其所以名为公论也。”[①]1940 年代办于遵义浙江大学,聚合起中大学人的综合刊物《思想与时代》,涉及哲学、科学、政治、文学、教育、史地诸多专业内容,但从“特重时代思潮与民族复兴之关系”“为现代民治厚植其基础”“救世而济民”等表述中可见其志向也在学人论政上。学人论政可以放在中国传统的幕僚制度中进行比照分析。幕僚制度远承古代养士之遗风,萌芽于明中叶以后,完成于清初,包括文人幕僚,也包括刑钱等专业幕僚。“幕

① 陈楚豪:《读了〈时代公论〉以后》,《时代公论》第 8 号,1932 年 5 月 20 日。

僚制度之形成,乃因学与政脱节,及地方行政机构失其完善之结果”,“主官长于对外,幕友长于对内;主官长于规划大体,幕友长于条分缕析;主官明于事理,幕友习于法例;而又彼此之间善于取人为善,与人为善,两者相得益彰”。① 可见,传统的幕僚制度也是政治与学术相互配合的一种方式,不过,“主官”为主、“幕友”依附,政治为主、学术辅助,更像朱光潜所列举的“以政统教”的模式。而现代学人论政则内含学人的独立与自信,在以学术为业之余怀抱政治情怀,既不“为”政治而生存也不“靠”政治而生存(韦伯所言以政治为业的两种方式),由此获得论说的相对超然和专业感。

在学人论政的具体操作上,有以胡适为代表的自由主义学人的“独立”思路:“我们叫这个刊物做《独立评论》,因为我们都希望永远保持一点独立的精神,不依傍任何党派,不迷信任何成见,用负责任的言论来发表我们各人思考的结果。这是独立的精神。”② 也有张其昀等中大学人的“士治”③思路。张认为中国民治的正轨,便是“士治”,便是“士流政治”;“士流政治”是从“游民政治”走到“国民政治”的必由之路。张其昀认定的“士”,包括两类,一是大学教授,二是工程师(专门家技术家)。“教授与技师,博学与专精,好比车之两轮,前者供给深沉的思考,后者供给纯精的法术;前者的缺点是眼高手低,后者的缺点是手高眼低,故两者必需充分合作”。在张其昀等学人眼中,中国自古以来,本是士治的国家,“治国平天

---

① 全增祐:《清代幕僚制度论》,《思想与时代》第 31 期、32 期,1944 年 2 月 1 日、3 月 1 日。
② 《独立评论》第 1 期,1932 年 5 月 22 日。
③ 张其昀:《中国国民之分析与民治之正轨》,《时代公论》第 6 号,1932 年 5 月 6 日。

下”为中国学者传统的怀抱。所不同者,从前学问单调,现代科学昌明,人有专科,科有专人。中国问题应有许多看法,各专家由他们自己擅长的一角去看,然后综合论究,成为一个共同的看法。从过去历史看起来,士治确已做到“治国”的地步,中国文化的统一便是士治成功的表现。但中国传统的士治也有缺点,最大的缺点便是“偏重人文,忽略自然,偏重国家,忽略国际”,这是当下的士治所应注意的。胡适等学人的“独立”思路其实是议政而不参政,在现实政治之外发挥学人所长;张其昀等学人的思路是既议政又参政,既能“出”也能“入”,用主人翁的意识推动“国民政治”的实现。两者姿态不一,但学人论政的逻辑起点则相似,学术为体、政治为用,在学术的自主和独立基础上去提携和扶助现实政治。

二、党治与权威:《时代公论》的国难应对之策

在本书论及的中大学人刊物中,有《史地学报》《国学丛刊》等专业性刊物,有《学衡》《国风》《思想与时代》等综合性思想文化评论刊物,《时代公论》则属政论刊物,是学人论政比较典型的代表。刊物标明“时代公论公器也,大学教授之公开讲座也。大学既以思想自由为原则,大学教授所发表之言论,自不受任何政党之拘束”,和胡适等学人创办《独立评论》所宣称的“不依傍任何党派,不迷信任何成见,用负责任的言论来发表我们各人思考的结果”,均强调学人论政的独立性和超越党派的特征。这两份同样应 1930 年代国难而生的学人刊物,常被论者比照提及,两者论政的立场与思路均

有所不同,《时代公论》立场在1930年代就被梁实秋总结为"承认国民党专政"而"徐谋改良"[①],在已有的研究成果中,也往往呈现出体制内相对保守的形象。但若尽量回到原刊以及中大学人刊物的脉络,回到1930年代国难的具体语境以及南北学人群体关于宪政、民主、独裁等一系列论战,《时代公论》作为中国学人论政的一种维度自有其价值:从专业视角探讨中国政治的发展路径,对1930年代极其紧迫而现实的国难提出自己的应对之策。

前文述及,《时代公论》创办于1932年4月1日,为周刊,出版至1935年3月22日,共出156期。主编为杨公达,张其昀为总发行人,以中央大学法学院教授为主体,且与中国政治学会相互依托。关于《时代公论》的创立,该刊编者在出刊十期时回顾:"当下关日本兵舰开炮之后,不特是普通一般人逃之夭夭(要人们早已到洛阳去了),就是惯喊打倒日本帝国主义的人,也就一溜烟离开了此间,顿时南京成了死城,我们的学校——中央大学——也有人烟稀少今昔之感了!时代公论就是在南京最冷落萧条的一个时期,几个朋友触景生情,像雪中送炭似的,把这个刊物贡献给全国国民。真如古人所说'穷而后工',我们是在极穷困的时候,毅然起来工作的。"[②]关于与《时代公论》相互依托、骨干人员多有重叠的中国政治学会,杭立武(时任中央大学法学院政治系主任、教授,中国政治学会发起人之一)也有回顾:"中国政治学会之发起,始于去夏

① 梁实秋(发表本文时署名李敬远):《〈独立评论〉、〈时代公论〉、〈鞭策周刊〉》,《新月》第4卷第3期,1932年10月。

② 编者:《时代公论是"铁面无私"的吗?》,《时代公论》第10号,1932年6月3日。

(1931年夏——引者注)。时愚在中央大学,初与政治系同事陶希圣、吴颂皋、刘师舜、梅思平、杨公达诸君言,皆表赞同。会暑期各地友人过京者,如张奚若、周鲠生、高一涵、皮皓白诸君等,与谈此事,感乐观速成,促即正式发起",选定周鲠生、高一涵、张奚若、梅思平、萧公权、刘师舜、杭立武等七人为筹备委员,并于1932年7月13日在南京举行第一次筹备会议,9月正式成立。在杭立武的追述中,中国政治学会成立的目的有三:"促进政治科学发展""讨究现实政治之改良""指导后学以研究斯学之途径"。中国政治学会与《时代公论》一样,是以中央大学学人为中心进行论政活动的。对于这种学人论政,杭立武以英国费边社(Fabian Society)、美国政治学会为样板,诠释了《时代公论》和中国政治学会的旨趣和志向:"盖政治之良窳,必由其事实上之研究入手,然后根据学术上之原理,参照本国之实情,对症下药,筹思切实计画而倡导之,则政治上之利弊,非不可藉以兴革也。"[①]

在1930年代国难的大背景下,南北学界除了《时代公论》《独立评论》两刊外,还兴办了《外交评论》《日本评论》《民众运动》《东北月刊》《申报月刊》《政治月刊》《政衡》等政论性刊物[②],其中《时代公论》和所依凭的中国政治学会不管从专业素养还是权威性来讲,都是具有代表性的。有论者详细统计了《时代公论》主要作者的情况,全刊除"时事述评""通讯""读者论坛"等栏目外,共发表署名文

---

① 杭立武:《中国政治学会成立刍言》,《时代公论》第23号,1932年9月2日。

② 参考刘大禹:《九一八后国民政府集权政治的舆论支持(1932—1935)——以〈时代公论〉为中心的考察》,《民国档案》2008年第2期。

章 1 107 篇。其中发表政论文章数在 3 篇以上的共有 24 位,17 位为中央大学学人,包括杨公达(中央大学法学院院长)63 篇、阮毅成(中央大学法学院法律系主任,教授)40 篇、楼桐荪(中央大学法学院经济学系副教授)34 篇、雷震(中央大学法学院法律系教授)24 篇、胡长清(中央大学法学院法律系教授)17 篇、萨孟武(中央大学法学院法律系兼任教授)16 篇、梅思平(中央大学法学院法律系教授)7 篇、傅筑夫(中央大学法学院经济学系教授)6 篇,以及何浩若(中央大学法学院经济学系副教授)5 篇、柳诒徵(中央大学历史系教授)5 篇、章渊若(中央大学法学院法律系教授)5 篇、陶希圣(中央大学法学院政治系教授)4 篇、叶云龙(中央大学法学院经济系主任,教授)4 篇、张其昀(中央大学地理学系教授)3 篇、杭立武(中央大学法学院政治系主任,教授)3 篇、缪凤林(中央大学文学院教授)3 篇、吴颂皋(中央大学法学院法律系副教授)3 篇。[①] 很明显,《时代公论》是以中大学人为主、以法学院(下设政治学系、法律学系、经济学系)教授为主力展开专业化的学人论政的。这些学人大部分有留学经历,有在国外学习法学、政治学的背景(如杨公达在法国政治学院、巴黎大学攻读国际公法与国际关系,阮毅成、楼桐荪在巴黎大学获法学硕士学位,雷震、萨孟武在日本京都帝国大学攻读法学等),有专业的政治学著述(如杨公达著有《政党概论》《政治科学概论》、阮毅成著有《政治论丛》《比较宪法》、楼桐荪著有《均权

① 参见李小雪:《民国时期国立中央大学学人论政研究——以〈时代公论〉为例(1932—1935)》,南京大学 2014 年硕士学位论文,第 15—19 页,表 1。此数据统计还有待精确,有的教育类文章被统计至政论文之中了。

的理论与实际》、雷震著有《舆论与民主政治》、萨孟武著有《政治学原理》《政治学新论》等),对于世界政治发展的潮流有较为清晰的认知。他们的论政有着比较系统的法理依据,与中国传统的文人论政相比,更为理性、学理化且具有可操作性。其论政的基本立场是:基于现实、基于法理、讲究协作,在承认既有政治格局的前提下提供建设性意见。

《时代公论》学人群开出的第一个药方是"党治"。在孙中山拟定的建国纲领中,国民党的宪政之路根据不同阶段分成军政、训政和宪政三个时期,1927年国民党形式上统一全国标志着预想中的训政阶段的开始。训政阶段强调"以党建国,以党治国",其逻辑假设是国人普遍缺乏民主知识和基本的政治经验,必须经由国民党如"保姆"和"教师"般的训导,逐渐培育其从事政治活动的素养和能力,才能逐渐过渡到民主宪政阶段,这是个循序渐进的过程,训政何时结束要视实际情况而定,没有明确的时间表。按照这种逻辑推断和计划安排,如果没有外压、没有内斗,只是作为一种政治实践模型讨论的话,在理论上有顺利从训政转向宪政、从党治转向民治的可能性。但1930年代国难的大背景以及作为执政党的国民党内部的矛盾丛生甚至分裂,打破了这种政治安排,对于训政与宪政、党治与民治、民主与独裁这些根本的政治走向,知识界展开了激烈的讨论甚至争辩,"党治"是否应该存在、国民党作为"党治"主体是否合理、宪政如何实现等都是争论的热点。上文提及的以《时代公论》《独立评论》为代表的政论性刊物兴办热潮,便产生于这一国难的背景和政治走向的激烈讨论中。《时代公论》与国民党党治的关系,学界近几年已有所关注。华中师范大学许小青认为《时代公论》同仁的总体主张是赞成放弃党治,但反对立即制宪和实行宪政。就其内部而言,对于实施宪政的途径又分成两派:一派主张以召开国民代表大会的渐进方式实现,代表人物有杨公达和梅思平;一派认为国民代表大会与训政相矛盾,反对召开国民代表大会,代表人物有萨孟武、何浩若、雷震。① 复旦大学冯峰认为对于在国难背景下如何重建秩序,《时代公论》与中国当时的主流言论截然不同。以胡适、罗隆基、王造时等为首的民主派知识分子显然认为秩序应该建立在宪政之上,希望通过订立宪法、放弃党治、开放政权造成上下一心的局面。《时代公论》同人则主张应该在“党治”的前提下结合起来,推动中国政治的现代化,暂时搁置理想化的“宪政论”。② 南京大学李小雪则从其政治学专业背景出发,细读《时代公论》的政论主张,提出杂志同人是从国民党内部较为实际地考察“党治”的实际情况,认为所谓的党治是“冒牌”的,没能真正实行和贯彻,真正的党治在此阶段应该实行而且必须得以加强。《时代公论》同人与自由主义者间“党治”“民治”之争并无学理意义及本质上的冲突,更多呈现出来的是一种实践“民治”上时间或“速度”的争议。③ 细读《时代公论》同人当时关于党治的论点,笔者倾向于他们认同党治,以党治为前提,且希望加强党治的观点。

---

① 许小青:《〈时代公论〉与抗战前南北政治文化论争》,《中山大学学报》(社会科学版)2011年第3期。

② 冯峰:《〈时代公论〉(1932—1935)与国民党的“党治”》,《学海》2011年第4期。

③ 李小雪:《民国时期国立中央大学学人论政研究——以〈时代公论〉为例(1932—1935)》,南京大学2014年硕士学位论文,第23页。

对于为何在1930年代推崇党治,《时代公论》同人首先归结于民智不开、民主政治难行,应该按照军政、训政、宪政的顺序循序渐进,这和国民党自身的逻辑是一样的。杨公达认为民主政治的本质是不坏的,也应该实行于中国,但“政治是带有时间性、空间性的东西,政治制度的良否,在其能否适应于环境为断”,“中国现在的政治,除开了‘武人干政治,文人谈政治’而外,其余的绝对大多数老百姓,谁个去管他,谁个又懂得?予漠不关心毫无政治常识的大多数人以民主政治上的权力,其结果不是受少数人的操纵,作为升官发财的工具,便是愈闹愈混乱。”[①]阮毅成也是出于相似的考虑,“政治车厢,便好像小孩玩具中的火车一样,尽在地上乱撞,不幸碰壁、跌倒。中国不缺乏政治车厢的司机,不缺政治上的旅客,现在缺的是完善的轨道和制造轨道的钢铁”,所以提高民众智识和政治能力是首要任务。[②] 其次,《时代公论》同人为“党治”正名,使之与专制、专政尽量撇清关系。杨公达早在《时代公论》创办前便区分了“以党治国”和“一党专政”的差异,认为“一党专政是政党政治的反面,即是国家的政权操之于一党,他党不得染指,而且根本不容许他党存在,所谓党外无党,党即政府”,而“以党治国”(即“党治”)则是基于中国国情的选择,是“中国的新发明”,“国民党鉴于从前中国统治的腐败,所以主张以党来治理国家”,这是革命的必要策略,是通向政党政治的重要阶段,“到了宪政时期,以党治国应该停

① 杨公达:《实现民主政治的途径》,《时代公论》创刊号,1932年4月1日。
② 阮毅成:《政治的轨道是什么?》,《时代公论》第92、93合刊号,1934年1月1日。

止,而切实实施政党政治,至于一党专政则无时间限制”。[①]

对于国民党政府党治实施的效果,《时代公论》同人是怒其不争的,认为“毫无结果甚至失败”。归结其因,主要有两点。第一点是国民党不按照孙中山建国纲领循序渐进地做,而是把军政、训政、宪政搅作一团,训政阶段还做着军政时期的工作,训政还没真正开展,“又大吹大擂地谈起约法宪政”,想做宪政阶段的事情,必然导致没有成效,且处处受攻击。[②] 第二点是“党治”一直是冒牌的,“徒取其名而舍其实”。梅思平把国民党的党治与苏俄、意大利相比,认为国民党“最忠厚、最老实、赤裸裸地把自己的党高置在政府之上,公然自承为最高统治机关,为太上政府”,“人家的以党治国,是不居其名而取其实;我们的以党治国,乃是徒取其名而舍其实”。[③]

对于如何实行党治,且由党治之路逐渐过渡到民治和宪政,《时代公论》同人的观点也并不完全统一。前文述及,许小青提出,《时代公论》同人在面对如何走向民治之途有不同的论点,一派主张以召开国民代表大会的渐进方式实现,代表人物有杨公达和梅思平;一派认为国民代表大会与训政相矛盾,反对召开国民代表大会,代表人物有萨孟武、何浩若、雷震。这两派其实还都是站在维护党治“现制”基础上进行的调和与折衷,设立国民代表大会或者其他形式的代议机构是用以监督党治的途径,其功能“一方面,表

---

① 杨公达:《政治科学概论》,上海神州国光社 1930 年版,第 182—184 页。
② 杨公达:《实现民主政治的途径》,《时代公论》创刊号,1932 年 4 月 1 日。
③ 梅思平:《党治问题平议》,《时代公论》创刊号,1932 年 4 月 1 日。

明民权实施的开始,养成民主的势力;他方面,集中全国人才,调和各党各派的争权的哄斗",但行政权仍然由国民党所有,政府仍由国民党组织,绝不是组建混合政府。[①] 在同人中,张其昀的思路显示出更为明显的智囊意识和参政热情。他提出"士治"(士流政治)是走向"国民政治"的必由之路,"士"包括大学教授和工程师(专门家技术家)两类。根据孙中山建国方略和建国纲领,"党治"原是"士治"的代名词,"训政的解释,本来是'以士训政'",目前的党治和士治相互排斥和分离,才造成训政的失败和国事的败坏。加强士治的方案是"召集士联大会,集全国最有智识的人士于一堂,在'新党治'原则之下,来干名副其实的训政"。这个思路其实还是比较牵强的,党治和士治如何统一和衔接呢?张其昀提出"士联式"入党,"精神上"入党,于国民党政府有比较明显的"同路人"意识。[②]

《时代公论》学人群开出的第二个药方是加强中央集权、强化政府权威。这与加强党治的主张是一致的。杨公达对国难中政府内外交困的局面表示同情,认为中国人对政府的信仰,向来比任何国家人民都要薄弱,这由于中华民族是一个无意志力的民族,无自信力。今后要使中国变为一个有组织的国家,第一自然是要有一个强有力的中央政府,要使中央政府存在和健固,自然要国人信仰中央政府。[③] 针对多方面组织政府的主张,杨表示反对,因为"多方面的政府,责任可互相推诿,功罪亦难于明了,既可顺风使舵,且可

① 杨公达:《折衷主义与中国政治》,《时代公论》第 3 号,1932 年 4 月 1 日。

② 张其昀:《中国国民之分析与民治之正轨》,《时代公论》第 6 号,1932 年 5 月 6 日。

③ 杨公达:《愈趋愈下的时局》,《时代公论》第 26 号,1932 年 9 月 23 日。

乱吟高调,为虎作伥”,不如一方面组织政府,维护政府权威。[①] 主张国民党“独赴国难”,要“树立赴国难的中心,找出一个真能负责解救国难的首脑,把民族生命存亡的责任放在他的身上”,大家跟着他“随赴”国难,而不一定要平行式地去“共赴”。[②] 萨孟武则直接喊出“赶快建设强有力的中央政府”,对于此过程中的武人割据和政治腐败两大障碍,萨孟武建议对前者,用民意机关监督政府的行政,使其纳入正轨;对后者,只有用大力打倒小力,形成集中的“大力”是重点。[③] 萨孟武另外观察到,德意志以及其他各国能够由中世纪封建国家变为近代中央集权国家,无一不依靠于商业资本主义的力量。政府在社会上没有阶级做背景,绝对不能永久存在。建议国民党政府与有产者合作,相互配合以维护中央的权威。[④]

《时代公论》同人主张加强中央集权、强化政府权威,在1930年代学界关于“民主与独裁”的讨论中较为自然地倾向于支持独裁的主张。沈清尘认为党治、甚至独裁是革命党完成革命工作的必要条件。“革命党是用非常的手段来创造一种非常事业的政党。革命党的好与坏,只要看他有没有革命性,不要管他独裁不独裁”,要完成这种非常事业,必先要扫除一切为完成这种事业而发生的障碍,必先有坚强的力量,具备统一的意志,一贯的政策,集权的指挥,以及不畏难不妥协的精神。这种精神,便是革命党的独裁精

① 杨公达:《“九一八”以来之中国政治》,《时代公论》第25号,1932年9月16日。
② 杨公达:《究竟走哪一条路?》,《时代公论》第52号,1933年3月24日。
③ 萨孟武:《赶快建设强有力的中央政府》,《时代公论》第2号,1932年4月8日。
④ 萨孟武:《统一中国的力在那里?》,《时代公论》第3号,1932年4月15日。

神。[1] 程天放则直言赞成独裁制,认为就中国当时的实际情形看,"独裁政治有成功的可能,而民主政治几乎完全无成功的可能"。中国民众的政治兴趣,不但比不上英美,比俄意也差得远,不可能一跃而可行民主政治。而且,行政权力扩大和集中到一个人手里的"首领集权制"是近代国家的必要,也是一股重要的政治潮流。不管独裁国家还是民主国家皆然,中国选择民主式的首领集权制条件还不够,只有独裁式首领集权制这条路。在程的阐述中,作为一股政治潮流的独裁并非民主的对立面,而是与"多裁""割据"相对,是国家走向统一、中央维护权威的必由之路。[2]

法西斯主义在1930年代是世界范围内的一大政治思潮。在国民党的言论阵地上,由推崇中央集权到推崇领袖中心,进而鼓吹法西斯主义,是较为常见的逻辑。比如在国民党《中央日报》上,《能力分配与服从领袖》一文根据科学界的"分配之规则曲线"(Normal Curve of Distribution),分人类为上智、中庸、下愚三类,认为庸庸大众"不能不凭藉优越分子的保护和指导",现代社会需要"服从领袖的心向",这种牺牲部分自由的"服从性",是"支撑着伟大繁荣的人类社会的重要台柱之一"[3];王开蹼则赤裸裸地宣扬"领袖制度",将之与议会制度、自由主义相对,实际上是鼓吹法西斯主义。他认为自由主义会导致国家组织的散漫,导致"自私自利的争夺",民主政治并不能把政权集中到大多数民众身上,领袖制度顺势抬头,是

① 沈清尘:《中国革命的失败与其出路》,《时代公论》第97号,1934年2月2日。
② 程天放:《民主与独裁》,《时代公论》第150号,1935年2月8日。
③ 张右龙:《能力分配与服从领袖》,《中央日报副刊》1934年9月3日。

必然的趋势,“历史就是一部领袖的创造史而已”,要救民族、救国家,必须推行领袖制度[①];杨昌溪则批判五四以来自由主义的“放纵”,鼓吹“绝对服从领袖的精神”,甚至号召用宗教家、迷信家“信仰的精神”来“迷信”领袖。[②] 这些对领袖的神化与迷信,与国民党内拥蒋派CC系、力行社1930年代对法西斯独裁专制的大肆鼓吹一脉相承,是为国民党的一党专政和蒋介石的独裁统治辩护[③]。《时代公论》作为学人论政的平台,与官方刊物有所区别,并没有从提倡权威和集权走向公然宣扬法西斯主义。杨公达曾提出用“非常手段”统一国民党,建议国民党现存派别中的一派“采取史达林对付托洛斯基,孟梭里尼对付尼蒂(Nitti)的手段,不惜放逐异己的派别,举一纲而打尽之”[④],这种论调受到胡适、陶希圣等学人的反感和“诧异”,也未得到《时代公论》同人的响应。陶彬在《国民党与法西斯蒂》(第35号)中提出国难当头,应该恢复的是三民主义和北伐精神,明确提出没有必要仿效法西斯主义。曹毅远的《法西斯与中国》(第14号)和吴自强的《法西斯主义教育之理论与实际》(第101号)两文显示出作者对于法西斯主义的困惑。一方面认为其“高压”“恐怖”“罪恶”“以暴除暴”“束缚思想”的做法不可取,认为它并非“政治上之主义与思想”,但对其“定国”和“扩大国家思想”

---

① 王开蹼:《论领袖制度》,《中央日报副刊》1935年11月13日。

② 杨昌溪:《拥护领袖与尊师重道》,《中央日报副刊》1936年3月31日。

③ 倪伟在其《“民族”想象和国家统制——1928—1948年南京政府的文艺政策及文学运动》一书第168至170页专门谈到国民党“力行社”及其外围组织“复兴社”旗下的刊物对法西斯主义的鼓吹;王奇生则在《党员、党权与党争——1924—1949年中国国民党的组织形态》一书第239至242页谈到CC系及其舆论“喉舌”《政治评论》在1930年代对“领袖政治”和独裁统治的鼓吹。

④ 杨公达:《革命的回忆与国民党的复兴》,《时代公论》第23号,1932年9月2日。

的效果则表示有参考的价值。徐公萧的《法西斯蒂主义》(第105、106号合刊)与沈清尘翻译的《法兰西主义之和平观》(第133号)两文从作者陈述来看均是应《时代公论》编者之约写出,显示出同人对于法西斯主义了解的热心。文章通过翻译或者撰述呈现民主政治潮流在当时已届没落,法西斯主义代替议会制度有其可取性,也间接传达出作者对法西斯主义的好感。但这与直接提倡、宣扬法西斯主义还是有泾渭之分的。

1930年代中国学界关于民主与独裁的论战中,支持专政和独裁的并非只有《时代公论》同人,与之形成南北论争态势的《独立评论》同人也同样有支持的言论,比如蒋廷黻、丁文江、钱端升、吴景超等过去曾信仰民主政治的学者,也转而主张开明专制和新式独裁[①]。这是中国学人应对国难的权宜之计和过渡性选择,《时代公论》学人开出加强党治和权威的药方,也并非从法理上否定民主制度。用杨公达自我辩解的话说,强化中央的主张"并非昧于政治理想","亦非不懂政治潮流而开倒车",而是"纯为国难着想",因为"非常时代的国难政府,不当视与太平时代的普通政府一样。决不能以我人纯理观的政治思想,去要求怎样心心相印政府的形成"[②]。总体上,《时代公论》的学人论政仍谨守着学人论政的本色,在1930年代国难中基于"同情"政府和"建设"的姿态,形成了自己的特色与风格,但也因既议政又参政的"智囊"意识过强,有伤学人论政之

① 参见胡适:《一年来关于民治与独裁的讨论》,《东方杂志》第32卷第1期,1935年1月1日。

② 杨公达:《"九一八"以来之中国政治》,《时代公论》第25号,1932年9月16日。

理性与辨析,也有碍中央大学独立学术风气的涵养。

三、“本史迹以导政术,基地守以策民瘼”:《国风》等刊论政思路辨析

按照学人群梳理,被纳入中大学人谱系的《时代公论》学人群其实是有些旁逸斜出的,这群有着政治、法律等社会科学背景的学人,与《学衡》《史地学报》《国风》《思想与时代》等主要以人文学科为背景的学人,在面对社会发言时的姿态、策略以及理论依据有所不同。前者主要致力于具体政治制度的设计,而后者则致力于从文化、历史的视角阐述对于现实社会问题的观感。就学人论政而言,前者掌握更多的理论方法和专业术语,阐释的针对性和科学性显得较强;后者传统文人论政的色彩更浓,因为有“道统”在握的自我意识,同样充满言说的自信。就本书而言,这两脉学人基于“经世致用”理念被同置于中大学人谱系,但二者之间并非全然和谐。

《时代公论》主编杨公达就曾检讨与批判中国文人的“病态”:“中国的文人,仅具消极的条件。上乘的,亦不过自命识时务者为俊杰,效张子房明哲保身。更消极一点的,则只唏嘘叹息,郁郁终年,经世之才,一筹莫展”,且“不自尊而自傲,心地狭隘,动辄独异其趣,与任何人不能合作”,历代政治的混乱、学术的无系统,“乃是文人相轻的下场”,是文人“依赖性”“妥协性”“浪漫性”等病态结出的恶果。对于“浪漫性”,杨公达尤为反感,认为“其浪漫的程度,一

方面,凡事马马虎虎,不负责任,惯会说风凉话,唱高调,一年多来举相号召的精诚团结,毫无成效","他方面又不愿受任何拘束,目无纪律,放荡逍遥,贯彻其'乐天主义'"。[①]《时代公论》总发行张其昀提出中国民治的正轨便是"士治",而且传统中国作为"士治"的国家,文化的统一证明其是成功的,但是传统的士治有"偏重人文,忽略自然,偏重国家,忽略国际"等缺憾,现代的士治必须规避。张其昀介于杨公达和柳诒徵这两类学人之间,他希望在传统的文人论政和士治传统中注入新的因素,有调和的色彩。柳诒徵、缪凤林、汪辟疆、景昌极等人文学者在《时代公论》上也发过文章,但总体不如杨公达、萨孟武、梅思平等学人活跃,一些人文类论文与随笔在刊物上显得较为边缘(比如柳诒徵等的《诗录》、汪辟疆的《论近代诗》《何谓诗?》、王易的《读稼轩文感言》、景昌极的《长江轮上的小中国》等)。这些人文学者对《时代公论》学人的论政思路也不以为然。柳诒徵在《时代公论》上用"死马当作活马医"表达他对所谓国民代表大会的观感,主要是基于国民对政治的陌生:"老实话讲,照现在这种国民的状况,不配在现今世界上做一个完整的国家的国民;所以就做不成一个完整的国家。他们根本的毛病,是不晓得什么叫做政治,只知道政治就是做官,政治就是做官的人们的专利权","他们对于国家,完全不知道如何组成的;有国家和没国家于我们有什么关联;我们对于国家有什么责任有什么权利;应当做些什么事说些什么话;那都是莫名其妙"。所以,柳诒徵认为即便

---

① 杨公达:《文人的病态和责任》,《时代公论》第 57 号,1933 年 4 月 28 日。

政府有诚意召集国民代表大会,乃至国民代表会议如期开成与否,“不过那么一回事”,[①]对于《时代公论》所开出的党治、加强中央集权等药方也未作响应。

中大的这群人文学者在应对国难时试图从文化、历史、地理等角度重塑民族精神,重建民族自信。《国风》在《时代公论》创办不到半年发刊,柳诒徵撰写的《发刊辞》强调“斯刊职志,本史迹以导政术,基地守以策民瘼,格物致知,择善固执;虽不囿于一家一派之成见,要以隆人格而升国格为主”。希望从史地和文化入手,达到“隆人格”“升国格”的效力。“女真蒙古能夺吾族之主权,不能夺吾族之文教”,“吾之士民可杀,可屠,可虏,可笞,而不可使之举声名文物挫折而从夷狄”,这些表述显示出中大学人对于民族文化的自信,但西学传入、“欲海沸腾”导致“国族本根”被斩断,所以面对民族危难,重建民族精神和自信是根本,而法制宪法等则属技术性操作,且晚清以来频繁的变法均未见其效。这里需要辨析的是中大学人“本史迹以导政术,基地守以策民瘼”的文化立场与1930年代由“十教授”提出、获得国民党当局高度支持的“本位文化建设运动”之间的关系。“本位文化”的口号是在1935年1月10日,由王新命、何炳松、武堉干、孙寒冰、黄文山、陶希圣、章益、陈高佣、萨孟武、樊仲云等十教授联名提出的,在《中国本位的文化建设宣言》中,十教授对中国文化的现状提出了自己的观点,他们反对复古和全盘西化两种论调,主张恢复民族的自信力,建设“中国本位的文

① 柳诒徵:《“死马当作活马医”》,《时代公论》第6号,1932年5月6日。

化”。“本位文化”的主张在1930年代引起思想文化界的一场大讨论,本位文化论者与全盘西化论者各执一端,是论争的主要两方。在国民党当局与本位文化建设运动的关系上,后者附和着前者的文化主张和政策,前者则高度称赏和支持该运动,并推动其成为文化思想界的一个讨论热点,两者关系紧密。事实上,本位文化论者的主要阵地《文化建设》杂志便从属于国民党的文化组织——中国文化建设协会。[①] 本位文化论者宣称自己“不守旧”,宣称反对复古,不过从本质上讲,他们的主张仍充满保守气息。主张西化论的胡适对此分析非常尖利,他指出所谓的中国本位的文化建设是“中学为体西学为用”的“最新式的化装出现”,十教授的宣言是“今日一般反动空气的一种最时髦的表现”,“他们的保守心理都托庇于折衷调和的烟幕弹之下”,和主张复古主义者如陈济棠、何键等并无根本的区别。[②] 中大以柳诒徵为代表的学人群1930年代在《国风》,与1920年代在《学衡》、1940年代在《思想与时代》等刊上的立场一贯:应对国难和民族危机时,强调传统儒学的复兴(柳诒徵提出“秉儒家之成法,起中国之沉疴”[③],郭斌龢提出“昌明孔学为起衰救弊之惟一方法”,张其昀则提出“孔学之在中国,不仅一光荣遗产,乃一实力的遗产,元气恢复之方,鼓勇制胜之道”[④]),致力于“固

① 关于国民党当局与“中国本位文化建设”运动的关系,参考董玉兰:《二十世纪三十年代的中国本位文化论争》,第29至31页,国家图书馆博士论文文库;关海庭:《1935年“中国本位文化建设”问题的论战》,《史学月刊》1989年第6期。

② 胡适:《试评所谓“中国本位的文化建设”》,天津《大公报》,1935年3月31日“星期论文”。

③ 柳诒徵:《正政》,《学衡》第44期,1925年8月。

④ 张其昀:《国防教育四讲》,《国风》第3卷第3期,1932年8月1日。

有文化与民族理想根本精神之探讨”(《思想与时代》的《征稿启事》),标举“较五四运动更新而与之南辕北辙之新文化运动”(胡先骕语)。这种观念与立场与第二章所述中大学人群的教育理念也是一以贯之的,基于学理和民族主义意识而产生,并非出于官方的授意与支持,与本位文化建设运动也有一定距离。这种距离表现在两个方面:其一,中大学人所言救弊的儒学是中西文化贯通、科学与人文并举的儒学,是放在世界文化发展潮流中积淀下来的有益于现代中国发展的儒学,而非纯然的守旧和狭隘民族主义,这是基于学理层面的自主选择。其二,相比较官方对于儒学的策略性、阶段性、政治性利用,中大学人之推崇儒学为根基的传统文化是基于学者的民族主义情感。但毋庸置疑的是,中大学人群的主张与南京政府所推动的本位文化系列运动内在的精神是高度契合的,学人与政府的主张相互呼应。这就涉及儒学本身的复杂性,所谓“老为君学,孔为臣学,墨为民学”,作为封建社会维系大统的依据,学者之儒与官方之儒互为表里的情况比比皆是。余英时先生 2014 年 9 月 27 日在香港新亚书院 65 周年庆典上做了主题演讲,在座谈环节,谈到了儒家与儒学的这种复杂性。他把儒家分为制度性儒家(institutional confucianism)与学术性、批判性儒家两类,而后者从学人脉络中,包括唐君毅、牟宗三、徐复观、张君劢、钱穆等先生,他们有意识地与制度性儒家保持着距离。笔者认为,柳诒徵、郭斌龢、张其昀等中大学人也在此脉络中,甚至是在 20 世纪中华民族面临整体性危机时作为应对的“学者之儒”的开创者。他们面临的挑战以及与制度性儒家之间的纠葛,因为现实的国难所激起的普遍的民族主义情感,比起1950年代以来在香港、台湾,在国外奠定起整体学术脉络的新儒家更为复杂。

《国风》第3号孔子诞辰特刊共刊发了9篇纪念孔子的文章,这些文章是《国风》创刊宗旨的集中表述,也是中大学人应对国难开出的药方。包括梅光迪的《孔子的风度》、柳诒徵的《孔学管见》《明伦》、缪凤林的《谈谈礼教》、郭斌龢的《孔子与亚里士多德》、范存忠的《孔子与西洋文化》、景昌极的《孔子的真面目》、唐君毅的《孔子与歌德》、缪凤林的《如何了解孔子》。这些文章虽然夹杂着与新文化运动意气相争的词句,但批评清末民初以来对孔子的各种非理性态度、建构孔子与民族精神的正面关联、提出孔子思想对西方近代思想的影响,这三方面的工作较为全面、立体地展现出孔子与儒家文化在国难中的"救弊"能量。对于这种能量,法学背景的学人看法有所不同。陈茹玄在《时代公论》(88号)撰文《"人治主义"与"法治主义"》,称正是儒家强调的人治主义,造成了中华民族三种最大之"恶德",一为依赖,二位偷懒,三为慢法。这三种流弊,"苟有其一,国将不国。兼而有之,其何能救?"儒家人治主义,方法已极空疏,不切实用。其立法依据,亦多不合逻辑,非颠扑不破者;法家理论则精密谨严,步步踏实,切近人事。郭斌龢发表于《思想与时代》第35期的《人治与法治》可以说是一种迟到的回应。郭在文中称,人治与法治之争,中西自古即已有之。中国政治思想以儒家之人治主义为主。中国重人治,西洋重法治,二者各有其理论上之根据,亦各有其利弊得失。中国在由人治转向法治的历程中必须谨慎三思,欲倡法治,最初步骤,仍须有赖于人治。"人治之妙,在利用模仿心理,由有政治地位者,以身示范,潜移默化,不教而劝,一般人民,闻风慕效,事半而功倍",融会儒法进行执政往往"勋业烂然"。当代民主政治中,人治与法治两者实际上是相辅相成的。此例证显示出中大这群人文学者在推崇儒家文化时辨析融通的立场,这种辨析融通的立场自《学衡》始,到《国风》,绵延至《思想与时代》。以上诸刊与 1940 年 12 月唐君毅等人创办的《理想与文化》,1947 年牟宗三、姚汉源创办的《历史与文化》,1948 年熊十力弟子程兆熊创办的《理想历史文化》诸刊同气相投,共同推动了中国儒学现代化的进程。且因本书所述中大学人中西兼具的学术视野以及科学人文并举的志趣,其办刊思路除与《理想与文化》诸刊一样宣扬中国传统儒家思想外,更关注这种传统思想与中国现实处境和危机应对的关联,某种程度上会显示出功利主义倾向。

《国风》之"本史迹以导政术"以推崇儒学、纪念孔子为中心,同时还集中对中国古典文化典籍进行挖掘、整理,以之作为存续民族文化、重建国民自信的一种路径。聂蕾的硕士学位论文《"另一种新文化运动"——〈国风〉半月刊(1932—1936)研究》在沈卫威《国风》"专号"梳理的基础上,研究了《国风》中的古典文献挖掘整理工作。[①] 在《国风》的 12 个"专号"中,"选印四库全书专号""胶山黄氏宗谱选录""金藏雕印始末考""元遗山年谱汇纂""浙江文献专号"

① 参考沈卫威:《"学衡派"谱系——历史与叙事》,江西教育出版社 2007 年版,第 180 页;聂蕾:《"另一种新文化运动"——〈国风〉半月刊(1932—1936)研究》,华中师范大学 2013 年硕士学位论文,第 48—52 页。

等均致力于此,另有《无锡文献》《常熟文献》《慈溪文献》等对东南乡邦文献进行整理的文章。聂蕾重点谈及“选印四库全书专号”和“浙江文献专号”,认为国风社同人虽知四库典籍有篡改,但仍支持教育部影印,主要便是出于保存传统文化的考虑;国风社同人之所以集中致力于东南尤其是浙江文献的整理,是因为柳诒徵所言“近世中国惟浙江之文献关系最巨”“浙人肩中国五六百年之文化维系”,从浙江之典籍、文教入手,是“兴先哲之志量”,增强国人文化自豪感以应对国难的重要方式。

关于“基地守以策民瘼”,国风社以及1940年代的《思想与时代》学人群主要从自己的史地专业背景出发,对国防、战争、都城、地理等议题提出自己的看法,这些议题既是政治问题,又是文化和专业学术问题,展示出学人论政的本色。第一,是对日本侵凌下的东北、华北现状、历史与地理的关注,从史地角度谈战争与国防问题。包括张其昀的《勿忘东北失地》《热河省形势论》《榆关揽胜》《江南春色与国防革命》,朱炳海的《九一八以前之东北》,王庸的《明代北方边防图籍录》等文。第二,是对日本历史、军备、疆土、人口的学术性介绍。张其春刊有系列译文,包括《日本之人口》《日本之海外贸易》《日本之气候》《日本之畜牧业》等,缪凤林则写有《日本开化论》《日本史鸟瞰》《中日战争与日本军备》等文章,均是史地学专业思路,但国难当头学术救国之心溢于言表。第三,是在定都之争中阐述对于都城、国防与战争的看法。国民党在大陆执政期间,关于国都问题的争议此起彼伏。其中1928年以及1940年代中后期的两次论争影响力较大[①]。《大公报》等北方报刊总体言论基调是主张设国都于北方;国民党系的报刊,以《中央日报》为中心,或强调总理遗嘱,或强调南京作为"中华民族复兴之纪念地"的意义,坚决捍卫南京的国都地位。聚集中大学人的《国风》等刊,对南京乃至中国东南都天然有一份亲切感(中大系列学人刊物中追忆金陵文教与南京日常生活的文字比比皆是),但作为中国文教事业重心的东南与作为国都和国防第一线的东南则有所区别,将定都之争放在文化与政治、国防与战争的话题阈中,中大学人的言论则以理性、专业探讨为主。如《思想与时代》中,张其昀虽是定都南京的强力支持者,但并不回避不同的主张,在第5期刊发自己的《论建都》后,还刊发了钱穆的《战后新首都问题》(第17期,主张建都西安)、贺昌群的《再论历代建都与边患及国防之关系》(第42期,主张建都北平),彼此间针锋相对,显示出学人论政的风度。

这里有必要介绍张其昀在"基地守以策民瘼"方面知行合一的理论与实践。他1930年代在中大地理学系任教前后十年间,除研究著述外时常做地理考察,最重要的有三次[②]。第一次为东北考察(1931年6月至8月,前后55天,学生6人同行,走一万余里,以南满为中心,东至安东凤城,北至长春、吉林),考察回即发生九一八事变,所以其文《东三省之考察》《热河省形势论》《榆关揽胜》等均为有的而发,并非纯然书生文字;第二次为浙省考察(1934年3月

---

① 参考笔者《民国官营体制与话语空间——〈中央日报〉副刊研究(1928—1949)》第五章的相关论述以及文后附录三:《1928至1949年国都讨论目录索引》,中国传媒大学出版社2012年版。

② 参考宋晞:《张其昀先生传略》,台北中国文化大学2000年版,第5—6页。

到 5 月，学生王维屏、任美锷同行）；第三次为西北考察（1934 年 9 月至 1935 年 8 月，长达一年，任美锷等三人同行，以兰州为中心，循河西走廊至敦煌，南越秦岭山脉至汉中，北上蒙古高原至绥远北部百灵庙等地），写下对甘肃、青海、宁夏三省的地理、文化、商业等考察报告，《西北旅行记》分 8 次在《国风》刊出。这三次考察活动，正值《时代公论》《国风》等中大学人刊物创办发展期，作为两刊核心人物的张其昀很多考察报告便刊发于这两刊，呈现出中国学人知行合一、具有家国情怀的传统特色，更彰显出国难当头中国学人从书斋走向学术救国的过程。由此可见，中大人文学者“本史迹以导政术，基地守以策民瘼”的论政思路同样出于“经世致用”之主张，与法律政治等学科背景的学人相辅相成，是应对国难不可缺席的重要力量。

第4章 大学的本质与大学出版的方向

本书不以催生《新青年》《新潮》诸刊、崇尚独立自由、引领舆论风向的北京大学为切入点,而是选取在历史评价中偏向“保守”一脉的中央大学,主要的考虑是后者作为民国时期中央“第一学府”,在政党、国家、民族的脉络中,其学人经由办刊论学、论政更见复杂性,他们在传统与现代、独立与党化、学术与政治之间的调适,呈现出现代大学以及大学出版在建立独立、自主的传统时有可能遭逢的方方面面,对于当代大学出版人和学人而言,更具贴近感。在中国当下的刊号管理、媒介审批制度以及教育体制下,希冀通过恢复学人办刊去接续中国大学出版曾经建立的传统、去追溯中国大学出版曾经达到的精神高度,可行性不大。讨论民国时期的学人办刊传统,实际上是在呼吁回到“大学”本体,重建尊重大学自治和学术自由的传统,寻求恢复学人、大学以及大学出版活力的路径。

中国出版体制改革范畴内的大学出版，主要包括大学出版社和大学学报两大部分。当前，不管是转企改制大功告成的大学出版社，还是暂时搁置改制议题继续保持学校教学科研编制的大学学报，从表面看均成果斐然，但其面临的发展瓶颈、困惑以及来自学界的批评却不容忽视。作为大学的一个组成部分和学术生产体系的一个环节，我们的大学出版目前承受着“垃圾制造厂”[①]这样的指责，大有规模越大、发展越快，平庸之作甚至垃圾作品越多之势。这对于大学出版尤其是已经完成转企改制的大学出版社而言，是一种进退失据的悖论。有论者几年前预言：“体制改革成功之日，正是大学社整体滑坡之时”[②]，这句话未免危言耸听，但在这样的背景下思考“大学出版”面临的问题以及未来发展的方向，应该暂时放开从“出版”环节求解的思路，比如转企改制以及预想中的股权多元化、公司治理结构、跨地域兼并重组、上市等，回到“大学”这个逻辑起点上。

大学出版是出版，更是“大学的”出版，它在出版领域的不可替代性正是建立在它与大学水乳交融的关系之上，是大学理念和学术风气的一面镜子。如果大学办学方针、政策乃至理念有问题，必然牵一发而动全身，作为知识传播环节的大学出版自然会被殃及。解决大学出版问题的根本路径是对大学本质或理念的正本清源。不回到大学这个母体，廓清大学的本质和现代大学的精神，大学出

① 张曙光：《学术共同体的自治和自律》，《学术界》2011 年第 6 期。
② 蔡翔：《回归与守望，大学出版的方向》，《现代出版》2012 年第 1 期。

版则难以认清其不可替代性和发展方向。[①]

一、大学的本质:自治、自由、自律的学术共同体

大学的起源可以溯到中国的先秦、古代的希腊和罗马,但现代大学之直接源头则是欧洲中古世纪的大学。从大学产生时起,对于大学理念与本质的思考就没有终止过。

19世纪(1862年)红衣主教、牛津学者纽曼(John H. Cardinal Newman)的《大学的理念》(*The Idea of a University*)是第一本系统性沉思大学理念的重要专著,强调博雅和自由,集纳了中世纪大学理念的精华,也构建了对大学本质进行思考的基本框架。之后值得重点关注的大学理念在19世纪的德国,洪堡(Von Humboldt)和阿尔托夫(Althoff)等人在革新柏林大学时提出强调学术自由和“纯粹”学术的大学观,德国模式一度成为世界大学的模板。一战以来尤其是二战之后,美国的大学理念逐渐成为世界大学的风向标,并引领至今。如果说1930年美国大学先驱者亚伯拉罕·弗莱克斯纳(A. Flexner)的著作《现代大学论——英美德大学研究》(*Universities:American,English,German*)是对德国大学理念的辨析和创新,那么,1963年前加州大学校长克拉克·克尔(Clark Kerr)在《大学之用》(*The Uses of the University*)中提出的社会“服务站”和“多元化巨型大学”(multiversity)的理念则自成新说;而20

① 姜革文:《孤岛与孤岛之围——改制之后大学社的发展态势探索》,《出版广角》2010年第4期。

世纪 80 年代以来，随着全球化的加速，克尔《大学之用》中的很多预示变为现实，大学卷入市场的程度日益加深，中世纪以来的传统大学专业运转模式在不断变化，“创业型大学”“学术资本主义”[①]等大学理念顺势而生，但这些理念至今仍在与传统大学理念的博弈中，未得沉淀和普遍认可。

中国虽然有悠久的太学和书院传统，但我们的现代大学则是模仿欧洲，尤其是德国大学模式而建立的。由于大学办学者中西学兼具的开阔视野，我国大学教育的起点并不低，一开始便与世界现代大学理念同步。1912 年担任中华民国第一任教育总长的蔡元培手订《大学令》，通过评议会、教授会等形式，建立起中国现代大学的整体性框架。之后不管民国时期，还是新中国以来，不管吸纳何种大学办学理念、采取何种办学模式，都经历了外来理念与中国传统文化和中国国情的不断调适过程。新中国成立以来我们长期借鉴苏联经验，强调大学的行政性、计划性，“文革”中大学基本停顿。改革开放以来，我们以猛起直追的态度对接甚至赶超世界大学潮流，现在也裹挟在全球化和市场化之中，所谓的“学术资本主义”现象与美国相比有过之而无不及。同时长期以来形成的高度行政性、计划性仍深刻依附在肌体上。这两方面的夹击导致我们现在对于大学本质的认识模糊不清，大学的改革一直举步维艰，更不用提作为其组成部分的大学出版了。

梳理大学理念变迁，我们可以看出以下三种主要的潮流或基

---

① 参见〔美〕希拉·斯劳特(Sheila Slaughter)、拉里·莱斯利(Larry Leslie):《学术资本主义》,梁骁、黎丽译,北京大学出版社 2014 年版。

本方向。当然,这些潮流或方向的分界不是绝对的,而是你中有我、我中有你,从各自的方向共同昭示着大学的本质。

强调自治、学术自由的大学理念

加拿大学者许美德在其广受好评的著作《中国大学1895—1995:一个文化冲突的世纪》中,提出欧洲大学的根本价值观从中世纪开始就奠定了。“概括起来主要有两个方面:自治权和学术自由。”就自治权而言,中世纪大学“universitas”(拉丁文行会之意)便“在一定程度上给教师提供了探索知识和研究学问的自主权,使得教学免受地方政府和宗教势力的干涉”,这种自治权虽然是相对的,“然而,无论如何,大学从来就没被政府或教会直接控制过,也没有直接成为一种为上层统治阶级培养接班人的训练工具。”学术自由是中世纪大学另一个根本的价值观,它的主要含义是:“在大学里,任何学者在其研究领域内,都有权按照他们认为正确的传统和法则,自由地进行知识探索和学术研究。这种学术自由是探索和发展知识的基本前提条件。”而到18和19世纪,随着许多主权国家在欧洲出现,大学的自治权和学术自由一方面被保存下来,另一方面其涵义也发生了改变,在不同的国家,这两个概念侧重点和涵义有所不同。甚至拿破仑时代的法国、十月革命后的苏联也以自己的特色延续和分享着这种传统。[①]

在第一本系统阐述大学理念的著作中,可以看到纽曼对于大

---

① 〔加〕许美德:《中国大学1895—1995:一个文化冲突的世纪》,许洁英主译,教育科学出版社2000年版,第21—22页。

学这种自治和自由本质的经典阐述：

> 哲学和研究领域中的一所大学就像是政治史上的帝国。正如我已经说过的那样，大学是高级的保护力量，它保护所有知识与科学、事实与原则、探索与发现、试验与思辨；它划定智识的领地，注意让每一个领域的边界都受到宗教式的尊重，哪一方面也不必侵蚀邻里或者投降。大学的作用就像真理与真理之间的仲裁者，而且，在注重每一个真理的性质和重要意义的同时，予以它们应有的位次。①

可以说，后世许多阐述大学理念和本质的著作都在某种程度上与纽曼对话，或者对其理念进行阐释。大学作为"帝国"，强调自治和学术自由的基因与生俱来。洪堡在柏林大学革新了中世纪的大学理念，加入了专业研究和纯粹学术的维度，但他强调，在大学，"孤独"和"自由"是"支配性原则"，这也是对纽曼大学理念的坚守。而在诸多历史悠久的大学，其章程中也多有对于这种自治和自由开宗明义的表述。比如牛津大学章程写明：保证学术员工在法律允许的范围内享有对现存知识进行质疑、检验的自由，并有权提出新的思想及有争议的或非主流的观点，而不会使其工作职位或权益受到影响；美国哥伦比亚大学章程写明：学术自由意味着所有的

---

① 转引自〔美〕雅罗斯拉夫·帕利坎：《大学理念重审——与纽曼对话》，杨德友译，北京大学出版社 2014 年版，第 62—63 页。

教学人员有自由地在教室讨论他们的课程的权利;他们有自由地研究和发表成果的权利;他们可以不因以私人或公民身份表达观点或联想而被大学惩罚。[1]

中国历史悠久的书院强调德性的培育与人格的养成,其“在野的”传统中,我们可以看到与上述现代大学自治权、学术自由相呼应的某些因素。在蔡元培、梅贻琦这代奠定中国现代大学基础的教育家眼中,这种自治与自由毫无疑义是大学之本。西南联大堪称中国大学史上的奇迹,在战火与动乱中师生能在根本上守住沉潜和思考之心,拿出能与世界对话的学术成果,殊为难得,而这完全可以追溯到蔡元培、梅贻琦等一代教育设计者对大学的信念和坚守中。

强调民族、政党和政治的大学理念

大学就其基因而言有一定的超越性和世界性,但随着民族国家的建立、政党政治的兴起,大学作为社会有机体的一部分自然会被裹挟其中,其自治的根基、自由的权限必然受到一定程度的限制,与民族、政党或政治产生各种形式、各种程度的关联。这种关联本无足厚非,如果分寸合宜、保持大学的主体性,有可能产生双赢的效果,比如1940年代中国西南联大的辉煌在很大程度上可以归功于知识分子对民族主义的信仰;如果分寸失当,大学从整体理念上与民族、政党、政治捆绑,则很容易失去主体性,甚至走上

---

① 熊庆年、吴云香:《大学章程中师生权利的规定性》,《复旦教育论坛》2013年第2期。

歧途。

这种大学理念在19世纪初期拿破仑时代的法国已初现端倪，当时法国大学实行学区制，中央高度集权，以“国家教育”在教育体系中占支配地位为特征。在十月革命后的苏联，基于列宁主义整体性的国家民族观，大学理念也无疑导向高度集权和党化。对于这种大学理念最为学理化的表述来自德国哲学家海德格尔。1933年海德格尔加入纳粹党，并任弗赖堡大学校长，在《德国大学的自我主张》这篇就职演讲中，他提出德国的大学要承担或分担“民族共同体”的命运，其本质是德国民族的历史命运和精神使命的最高承载者。[①] 这种大学理念内含反大学自治和学术自由的立场，很容易被党派所用，事实上也对纳粹主义起到了推波助澜的作用。

我国的现代大学制度是在军阀林立、政局混乱，当权者“拙于文治”时建立起来的，基础是理想型、超越型的。蔡元培任教育总长发表《对于新教育之意见》，即鲜明提出教育不能“隶属于政治”，要“超轶乎政治”。“专制时代（兼立宪而含专制性质者言之），教育家循政府方针以标准教育，常为纯粹之隶属政治者。共和时代，教育家得以立于人民之地位以定标准，乃得有超轶政治之教育。”[②]不过，国民党掌权后，对教育的这种“超轶”自然不满，受其影响比较典型的便是中央大学。作为在首都的、政府在经费上极力支持的、占尽天时地利的大学，之所以始终无法取代北京大学的地位，“成

① 参见海德格尔：《德国大学的自我主张》，吴增定译，载《北大激进变革》，华夏出版社2003年版。

② 蔡元培：《对于新教育之意见》，《蔡元培全集》第二卷，浙江教育出版社1997年版。

为引领全国精神潮流的火车头”,正是因为在国民党千方百计加强的“党化”教育下,中央大学比其他大学“遭受国家与政党更多的束缚和干扰,很难宏扬自主办学和自由思想的固有大学精神”。[①]

新中国成立后,我国借鉴苏联经验重建高等教育体系,1952年又进行院系大调整,打散了民国时期高等教育的基本格局,并用政府的力量将大学工具性地契入国家建设的具体需要中。这种对教育的政治化、工具化倾向到“文革”中逐步走向极端,大学成为阶级斗争的工具和政治运动的第一线,这无疑是中国大学史上的灾难一页,至今仍有一定程度的后遗症。

强调服务、市场、资本的大学理念

这种教育理念兴起于20世纪的美国,这个有着实用主义认识论基础的国家糅合了纽曼、洪堡的教育理念,并发展出新的迥异于前者的方向,引领了20世纪下半叶世界大学的潮流和发展趋向。1963年前加州大学校长克拉克·克尔的《大学之用》提出的“服务站”和“多元化巨型大学”理念,如今看来具有惊人的预见性,大学不断求新求变,学术也日益与市场结合,发展出一种类似于五光十色的“城市”或庞大的“公司”这样的景观。而20世纪80年代以来的全球化进程将大学与社会、与市场的契入推到更深、更广的层面。美国学者希拉·斯劳特(Sheila Slaughter)、拉里·莱斯利(Larry Leslie)即在20世纪末用“学术资本主义”敏锐总结出这一

---

① 章开沅:《大学啊,大学!》,见许小青著《政局与学府——从东南大学到中央大学(1919—1937)》序言,中国社会科学出版社2009年版。

趋势:“学术工作的结构正随着全球市场的出现而发生改变”;“我们将院校或教授为争取外部资金而进行的市场或类似市场的活动称为学术资本主义。这些外部资金……通常用于与市场相关的研究,也就是各种各样应用性的、商业性的、战略性的和目标性的研究。院校也竞相在招收高学费学生方面展开竞争”;“比起像学术创业主义这样的用语,学术资本主义更能抓住利润动机向高等教育渗透”。[①] 具体到大学内部组织的变化或资源的分配,比如某些系科的设置或取消、某些专业的扩招或缩减、独立公司或研究院区的建立等,市场需求、资源整合、资本运作都成了题中应有之义。

中国的大学对此毫不隔膜,与热情追求所谓的现代化和现代性同步,我们的大学从上世纪 90 年代开始,积极与这种“学术资本主义”潮流对接:1999 年开启高校全面扩招、各大高校兴起建立独立学院的高潮、规模庞大的“大学城”频频建起、导师们也日益以“项目负责人”(或称“老板”)的身份出现,周旋于各种课题、基金的申报中……而本书所谈的有商业化趋向的大学出版也正处在这股潮流中。

追溯大学理念,我们发现,对大学本质的思考不是越新越好,回到原点、正本清源才能抓住根本。如果我们在回溯历史的基础上对大学本质进行界定,应该在自治和自由后加上自律二字,并限定其为“学术共同体”,即:自治、自由、自律的学术共同体。大学出版是大学的有机组成部分,其发展方向必然受主政者大学理念和

---

① 〔美〕希拉 · 斯劳特(Sheila Slaughter)、拉里 · 莱斯利(Larry Leslie):《学术资本主义》,梁骁、黎丽译,北京大学出版社 2014 年版,第 198—199 页。

大学本质观的规约,梳理大学理念是讨论大学出版问题的逻辑起点。

二、大学出版:大学的“有机分支”与“本质部分”

“共同体”概念首先是由德国社会学家斐迪南·滕尼斯(Ferdinand Toenies)在1887年出版的《共同体与社会》一书中提出的,认为共同体的形成基于“自然意志如情感、习惯”,以及“血缘、地缘关系”。英国学者齐格蒙特·鲍曼(Zygmunt Bauman)则提出共同体包括“有形的”,也包括“无形的”。20世纪40年代,科学哲学家米切尔·波兰尼(Michael Polanyi)在其著作《科学的自治》中首次提出“学术共同体”概念。之后最值得一提的是科学哲学家托马斯·库恩(Thomas Samuel Kuhn)在《科学革命的结构》中提出的“范式”理论,认为这应是学术共同体成员所共有的范例和承诺的集合,大大丰富了学术共同体的内涵。

基于对共同体和学术共同体的概念梳理,有研究者指出,“所谓学术共同体就是从事学术活动的学者们根据某一范围内所具有的共同条件而结成的一个学术组织或团体”。① 我们认为,大学就是师生依靠院系、研究所、图书馆、出版部等学术媒介结成的学术共同体,而这些学术媒介具有促进学术发展的不同功能,是整个共同体环环相扣的部分。“从本质上说,大学的职责可以说是由三个

---

① 参见林培锦:《西方学术共同体的形成及其与同行评议的关系》,《福建师范大学学报》(哲学社会科学版)2012年第5期。

相互关联的阶段组成的：通过学术研究推进知识；通过教学，包括专业训练，推广和阐释知识；通过学术出版来传播知识。”[①]大学出版从这个意义上讲，是大学这个学术共同体的有机组成部分和学术生产体系的重要一环，和大学一起共享基本的理念，也遵循共同的“范式”，不应轻慢对待，更不可能剥离。

对于大学出版和大学的关系，有很多经典的表述。美国最早成立大学出版部（1878年）的霍普金斯大学把出版部称为研究室、图书馆之外的“第三势力”；芝加哥大学第一任校长哈珀（William Rainey Harper）在该大学建立（同时还有其出版社的建立）的时候宣布：“大学出版社构成了大学的一个有机的分支”，莱英（Gordon J. Laing）在其1941年所撰写的芝加哥大学出版社50周年史中则指出：“没有什么比大学出版社的出版物目录能更好地表征该大学的真实品格”；而耶鲁大学出版社戴伊则谈及：“（大学出版社产出的成果）是耶鲁大学今天的一个本质的部分，有如学生求学所在的院系，为大学所必不可少。”[②]“第三势力”“有机的分支”“本质的部分”这些表述传达出大学出版的不可替代性以及它对大学已经或有可能产生的影响力。

进行学术评价与遴选

中世纪大学，包括中国传统的书院，更多强调德性的涵养和内

---

① 〔美〕雅罗斯拉夫·帕利坎：《大学理念重审——与纽曼对话》，杨德友译，北京大学出版社2014年版，第125页。

② 参见〔美〕雅罗斯拉夫·帕利坎：《大学理念重审——与纽曼对话》，杨德友译，北京大学出版社2014年版，第140—141页。

心的沉潜;而现代大学自19世纪初德国洪堡(Von Humboldt)进行教育改革,强调“纯粹”学术以来,韦伯所言的“以学术为志业”也有了越来越多的制度化保障和约束机制。出版,尤其是其中的大学出版,正是这样一种对学术的制度化保障和约束机制。理想状态的大学出版是学术评价的有力平台,主要通过“同行评议”(peer review)制度,遴选、出版大学学者的著作,使之在学术共同体内建立口碑、确立地位并扩大影响力。大学出版(包括发表论文的科研期刊,也包括出版学术著作的大学出版社)在这种评议和遴选制度下,“曾经长期是非常精英主义的,仅为一个知识分子小圈子出版重要的著作”[①]。

大学出版进行的学术评价在三个层面产生着影响力。其一,它具有展现所在大学或所处专业整体学术水准的意义。其二,它具有呈现某一学院、研究所或学派学术风貌的意义。比如,当代著名哲学家尤尔根·哈贝马斯的学生罗尔夫·魏格豪斯曾把创办一份杂志或出版物作为一个学派的典型特征之一。其三,它具有认定某一学者学术地位的意义。“不出版,丢饭碗!”(“publish or perish”)理念根植在学术的新陈代谢机制之中,这点对于中西方大学而言都是通例。大学出版是提供学者与学界对话、建立学术声誉、获得研究基金的重要平台,如果缺少学术评价和遴选,那将是整个学术共同体的灾难。

---

① 〔法〕弗雷德里克·马特尔:《论美国的文化——在本土与全球之间双向运行的文化体制》,周莽译,商务印书馆2013年版,第338页。

推动学术探索与创新

大学出版对于大学而言，是出版平台和评价平台，同时也同具体的学院、研究所一样，有推动或促进学术探索和知识创新的功能，而且这种推动力量更为整体、灵活和具有预见性。在这个意义上，我们可以说，大学理念也在某种程度上依存于大学出版的理念。

大学出版，尤其是发展中国家的大学出版，推动学术探索和知识创新主要靠翻译、引进展开。比如新中国成立最早的中国人民大学出版社和华东师范大学出版社，前者对西方政治学、经济学、法学，后者对教育学、心理学专著和教材的成系列引进，对所在大学相关系科的建设和师资的培养是起到推动作用的，这两所大学在这些专业领域建立的学术口碑也与大学出版的探索相关。有学者指出，大学出版社可以"为大学尝试性地进入一个思想或研究领域提供服务，尽管该大学还没有做好准备把这一领域纳入自己的学术活动之中"，不管这种尝试或探索成功或失败，"大学都将继续依靠它的出版社来帮助和定义它自己的使命和恰当的'职责'"。①

拓展和延伸大学功能

现代大学是随着工业革命以及工业化社会对专业知识、人才

① 参见〔美〕雅罗斯拉夫·帕利坎：《大学理念重审——与纽曼对话》，杨德友译，北京大学出版社 2014 年版，第 142 页。

的需求而生的,学科分化、专业设置的趋势必然越来越精细,对学生培养的重心也自然是专业知识和专业技能。在庞大的“知识树”建构中,现代大学是推动者、受益者,也是受害者。这种危害一方面是基于学术自身的:“各门科学千差万别。它们探讨对象的方式根本不同。这许多支离破碎的学科,在今天只是被各大学科系的技术组织维系在一起,并且只是靠各学科的实际应用目的而保持其意义。反之,各门科学的根株在其本质深处则已经死亡了”[①]。另一方面是基于学生培养的:古希腊罗马时期的“学园”、欧洲中世纪的大学以及中国传统的“书院”,都强调人格的养成和德性的涵养,而现代大学过于侧重“专业”和“学术”,在立人、完善人格这些较为宏观、抽象的方面有着天然的缺陷。

现代大学提倡通识教育(General Education),正是希望在学科分野越来越精细、知识传授越来越遵从专业化需求的今天,通过一定的途径纠偏,使教育重回以人为中心上来。在大学开设通识教育课程是一种方式,而大学出版作为大学文化的培育和传播者,在通识教育领域应该做、可以做的事情则更多。国内一些大学出版社正在努力尝试,从一定程度上拓展和延伸大学的功能。

三、大学出版的方向:与大学共生、双赢

大学的主要任务是教学和科研,其本质上应是自治、自由、自

① 海德格尔语,转引自何中华:《现代语境中的大学精神及其悖论》,《文史哲》2002年第1期。

律的学术共同体。当前大学存在的政府权力集中、行政势力过强、学术自律缺失、利益本位主义等问题，都侵蚀着大学的基石，使我们对大学本质的认识模糊不清。连带着，作为出版传播环节的大学出版，即便在“出版”这个环节设计出再精致、完善的方案，面对学术生产源头之污、面对学术成果普遍化的平庸、面对围着各种指标和项目团团转的大学教授时，怎能保持精英化和学术引领的姿态？怎能真正履行学术评价与遴选、学术探索与创新以及拓展大学功能这些职责？大学对于大学出版是个源头性的问题。当前，大学理念这个话题频频被提及，落实和扩大大学办学自主权、建立中国特色现代大学制度、推进教育治理现代化、加强学者的自律等成为高等教育改革的热点问题，这是好现象。大学出版必须紧密关注正在进行中的高等教育改革，并向其借势，才能事半功倍；而作为大学出版资产所有者的大学，在设定改革路线图的时候，也理应将大学出版与院系、研究所同等对待，纳入考量的范围，而不是将其作为独立的企业或可有可无的部门搁置在视线之外。大学与大学出版只有基于文化、教育事业的特殊性来定位彼此之间的关系，才能走上真正共生、双赢之路。

建立多元考评体系

在当前的大学出版中，大学学报和大学出版社这两者的处境、问题并不完全一样。自 2007 年以来，我国大学出版社大部分完成了转企改制，按照企业方式运营，事实上以每年向大学上缴一定的利润为考评核心；大学学报的转企改制议题，2012 年启动以来即遭强烈抵制并因而搁置至今,2 000余家大学学报(其中人文社会科学类学报1 300余家)大体保持着事业编制,大学对其按照教学科研编制考评。这种双轨制着实令人匪夷所思,因为二者在大学出版中是并列和平行关系,不应有这样的差异。

如果我们真正将大学出版视作大学的有机组成部分,就不会有这样的认识误区:转企改制就意味着大学出版社要成为营利单位,要以利润为导向,对其进行考评要以利润为中心。大学出版是面向大学的出版,如果离开大学,那其存在的必要性就很值得质疑。因为大学出版是“大学的”,那我们要面对一个现实:值得出版、传播的学术成果从来就是一小部分,不可能规模化生产和增长,其市场也是小众化、专业化的,不可能带来非常丰厚的回报;值得大量印刷、有较大盈利空间的教材比学术专著还要少见,需要付出极高的人力和物力成本进行精耕细作才无损大学出版社的声誉。这种本质上精英主义的取向昭示着大学出版社即便转企改制,也不可能完全按照纯粹的商业逻辑运作。我们对大学出版社进行转企改制,是期待它有自我造血功能,使其变成能更好地服务大学的主体,从只能被动地完成学校交付的出版任务,到主动探索为学校服务,拓展大学的功能,而绝不仅仅是多创利、多上缴那么功利。诚如有识之士所言,“大学出版社之于大学的意义,不在于它能为大学上缴多少利润,提供多少成果出版的机会(平台),而在于它能在多大程度上提升(支撑)学校教育和科研的价值,以及这种提升（支撑）在多大程度上具有不可替代性。”①

文化、教育事业本质上是公益性、非营利的，大学如此，大学出版也如此。可事实上，转企改制后，大学有漠视出版社作为自身有机组成部分的趋势，以利润为中心建立起对出版社相对单一的企业化考评体系。这种利润指标和压力层层转嫁，其结果就是大学出版社在单品种获利空间有限的情况下，为求得利润提升而不断降低自己的遴选标准，扩大规模、增加品种，出版大量补助书、结项书、职称书；教材也泛滥成灾，看看市场上东抄西抄、彼此辨识度极低、急就章式的教材，我们不禁反思：我们真的需要这么多教材吗？花主要精力大量出版教材，真的是大学出版社的职志吗？对于企业而言，利润导向本无错，但用在本质上有公益性的大学出版企业身上，这种导向就潜藏着矛盾和风险，如果成为单一导向，那绝对与改制的初衷南辕北辙。

这里可以拿美国大学出版业的情况作参照。美国的商业化程度和“学术资本主义”精神的渗透都是很彻底的，但大学出版业则多属于非营利性质，在出版业这样传统上属于商业的门类中建立了一些重要的“非商业的分区”。“依靠庇护它们的大学、通过公立地位或者非营利地位获得对它们的直接支持，大学出版社继续维持着不受市场压力的高质量的出版。虽然它们只占出版品种的8%，但它们的这 1.2 万种书籍对于美国思想和文化的更新依然是至关重要和生命攸关的”。“作为广泛商业化的行业中的非营利的

① 袁亚春：《大学出版的精品化逻辑》，《中华读书报》2015 年 1 月 14 日，第 12 版。

孤岛,大学出版社的作用不在发行量,也不在营业额……大学出版业使数千种图书和至少700种期刊得以发表,这些出版物不是仅仅按照市场规则来选择、出版和发行的。”虽然这个行业经历了严重的经济危机,但这些出版社总体情况还算好……“至今仍成功地保留了它们的‘灵魂’”。[①] 我们的大学出版社,要保持自己的“灵魂”,必须依靠大学和出版社自身,建构起多元化的考评体系,出版社对员工、大学对出版社的考评都必须在利润体系之外,专列多种考评指标,包括学术贡献度、师生满意度、社会口碑、重大奖项等。大学也要对其发展规模和整体方向进行监督和指导,以和自身的学科建设与学术创造能力相匹配;要尊重大学出版和学术生产的内在规律,不可将之片面地视为盈利工具,盲目追求做大做强。

建立以学术委员会为中心的督导体系

改制后的大学出版,其出资人和所有者大学,对大学出版社有着财务监督权和重大经营事项决策权,监督其实现国有资产的保值增值。行使该权限的一般是大学的资产经营有限公司,同时还有一位分管副校长(通常是分管资产与后勤的副校长),并以此为基础尝试建构起董事会。从这种管理架构中可见大学对出版单位“企业”属性的认定。这种管理架构极易造成权责混乱、产权所有者虚置、无人实际负责的乱象。[②] 校与社的关系处置从来就是大学

---

① 本段对美国大学出版业的观察,参照〔法〕弗雷德里克·马特尔:《论美国的文化　在本土与全球之间双向运行的文化体制》,周莽译,商务印书馆2013年版,第337—341。

② 蔡翔、李萁:《公司治理结构:当前大学出版社面临的问题与路径选择》,《现代出版》2011年第4期。

出版改革的一个难点和关键。如果暂时放下如何变成“企业”这个视角，更多从学术共同体的视角、从大学出版的“大学”属性考量，那么我们在处理两者关系上，则可能会发现新的方向。

在当下的大学改革中，减少行政干涉，增强专业权力，向教授治学方向努力是一个大方向。其中最重要的举措便是明确、强化大学“学术委员会”的地位和作用。学术委员会是学校学术型事务评议、审议和论证的权力机构，“教授治学”实现的主要渠道便是学术委员会。2012 年 1 月 1 日我国开始施行的《高等学校章程制定暂行办法》第十一条明确了大学章程要规定学术委员会的权责范围。接下来，教育部又推出《高等学校学术委员会规程》，并于 2014 年 3 月 1 日开始施行，规程明确“高等学校应当依法设立学术委员会，健全以学术委员会为核心的学术管理体系与组织架构；并以学术委员会作为校内最高学术机构，统筹行使学术事务的决策、审议、评定和咨询等职权”。在组成规则上，还明确“担任学校及职能部门党政领导职务的委员，不超过委员总人数的四分之一；不担任党政领导职务及院系主要负责人的专任教授，不少于委员总人数的二分之一”等。虽然这部规程目前还只是在纸面上，在各大高校推进的真实性和有效性有待观察，但在理论上，它对大学理念的正本清源，对学术风气和学术共同体的净化意义是可以预见的。

这部规程还规定大学学术委员会可以就学科建设、科学研究等事项设立若干专门委员会，或在院系（学部）设置学术分委员会，“各专门委员会和学术分委员会根据法律规定、学术委员会的授权及各自章程开展工作，向学术委员会报告工作，接受学术委员会的指导和监督。”如果参照这样的架构，我们可以整合大学出版社与大学学报为大学出版部，成立大学出版委员会，下辖于学术委员会，接受学术委员会对出版事项的指导、督导和授权。其实，这种把大学出版的审查、遴选和决定是否出版的权利交予知名教授的做法是有先例可循的。北京大学1919年设立出版委员会，首任委员长为胡适，委员则包括李辛白、张相文、钱玄同、陶履恭、王星拱、张大椿、陈衡哲等知名教授。1931年，北大出版委员会委员长为何基鸿，委员则有杨铎、孙云铸、徐志摩、张慰慈、周作人、胡济等教授。用制度保障由教授来治出版，建立起以学术委员会为中心的督导体系，是保证大学出版水准的重要方式。

建立以同行评议为基础的遴选机制

建立以学术委员会为中心的督导体系，是从大学层面对出版内容进行把关的有效路径，事实上也是对大学出版遴选体系的一种补充。大学出版在学术共同体中拥有影响力，能够保持精英主义与引领姿态的一个重要原因就是它具有学术遴选和评价功能，这种功能的发挥必须建立在有效的同行评议基础之上，否则大学出版的意义会大打折扣。

“同行评议”(peer review)制度起源于英国，最初用以评判科学文献的价值，后来逐渐发展和完善，广泛运用于论文发表前的评审、论著发表后的评价、学位论文的评审、课题立项和结项的评审，以及学术奖励的评审等环节，成为学术评价的基本方式，也是学术共同体获取和保障自主性、进行自我管理与控制的基本制度。大学这个学术共同体的运转在很大程度上有赖于这个制度。大学出版更是如此。

坚持精品化战略的哈佛大学出版社，成立于 1913 年，历史悠久。在相当长的时间内保持每年出书 130 种的规模，对这 130 种书稿的选择主要靠的就是同行评议。流程大致是：首先对书稿或项目进行外部同行或专家匿名评审并写出评审报告，作者根据评审意见写出回应材料；然后出版社将书稿或项目摘要、评审报告和作者回应等材料提交出版社评议委员会，作出该书稿或项目出版与否的决定。出版社的评议委员会有 13 名专家，都是哈佛大学不同学科的高级学者，由社长根据出版需要聘请，任期通常为 3 年，可以续任。[①] 可以看出，整个选题遴选的环节都是靠同行评议来运转的。而我们现在的大学出版社和大学学报，还普遍没有建立起建立在有效的同行评议基础上的遴选机制，选题出版与否、论文发表与否很大程度上取决于人情关系、利益关系以及所谓学术权威或明星的光环，基于学术自身的考量往往退居其后，这样出版的成果即便不是垃圾，也多为平庸之作。大学出版在大学里日益边缘化，最关键的因素就在于没有找到与学术共同体共生、双赢的有效制度。目前看来，同行评议是见效最快、操作也相对简单的方式。在我们的大学出版中，基于出版社层面、编辑部层面、责任编辑层面，在选题甄别和遴选阶段都要依靠各自的同行评议专家库，层层把关才有可能推出真正值得传播的精品。

---

① 俞青澄：《哈佛大学出版社 坚持同行评议制度》，《中国新闻出版报》2014 年 10 月 27 日第 13 版。

当然,“有效的”同行评议是个理想化的假设。有学者指出,同行评议进入中国发生了各种“异化”,被“权力支配”“人情主导”“标准缺失”等因素异化、扭曲和变质。[①] 而在国外,同行评议制度也曾遭受诟病。比如20世纪70年代末、80年代末,美国的同行评议制度便经受了两次“颠覆性”的批评;20世纪90年代初,英国的同行评议制度也经受了全面的调查研究。但这些批评或质疑更多是由学科交叉、融合日趋复杂,以及分学科管理造成的学科壁垒造成的,和中国的“变质”大不相同,而美国、英国经过调查得出的结论都是:同行评议无法取代。[②] 在中国,同行评议制度也是必不可少的,目前还看不到更好的能使学术共同体自主、健康运转的制度。要使之真正“有效”,必须加强学者的自律,这当然和大学出版有关,更与我们的大学以及整个学术、教育体系息息相关。

---

① 李剑鸣:《自律的学术共同体与合格的学术评价》,《清华大学学报》(哲学社会科学版)2014年第4期。

② 吴述尧:《同行评议方法不可取代》,《科技导报》2014年第32期。

结 语

大学出版是历史问题,更与大学一样,是亟待重整与反思的现实问题。在整个出版板块中,大学出版的占比并不算大,规模和盈利能力与大型出版传媒集团相比也不算突出。而出版业在整个国民经济占比中,贡献度从数据指标衡量,也是很有限的。但对于出版,国家从文化发展战略高度一直给予重视,因为在产业属性之外,其更本质的属性是对国家民族发展影响深远且长久的文化属性。大学出版因为一边关联出版,一边关联大学与学术,其影响和意义更不可低估。拿美国大学出版来说,正如研究者指出,"虽然它们只占出版品种的8%,但它们的这1.2万种书籍对于美国思想和文化的更新依然是至关重要和生命攸关的"。

本书谈论大学出版,也正是站在这样的高度。十年来中国大学出版人做出了基于"出版"环节的诸多求索,比如转企改制以及预想中的股权多元化、公司治理结构、跨地域兼并重组、上市,等等,也摸索出了在世界大学出版领域独具特色且成绩斐然的道路。但问题如影随形,如果从"出版"入手,着眼点是进一步市场化、扩大规模以及进一步提高盈利能力;如果从"大学"入手,则要回应"规模越大、发展越快,平庸之作甚至垃圾作品越多"这个客观现象,着眼点是控制扩张的冲动,打磨学术精品。两种思维方式牵涉到大学出版发展的逻辑与方向这个根本问题。本书的立场是，大学出版首先是“大学”的问题，必须回到“大学”这个逻辑起点，廓清大学本质和现代大学精神，才能找到根本或方向。

从学人办刊现象切入百年大学出版史，是基于笔者的一个基本判断：在我国百年大学出版史上，学人办刊现象与现代大学精神联动最为密切，是大学出版的重要组成部分，也是中国思想、学术多元化的重要表征。而本书的理论预设则是：通过辨析、论述学人办刊现象，一方面有助于重建大学出版的自信，通过学人办刊呈现大学出版曾在何种程度上参与建构中国的学术共同体，凝定大学的精神气质；另一方面则有助于接续大学和大学出版的传统，即学术独立和学术自由，这是大学与大学出版焕发活力的根本。事实上，在本书对学人办刊现象的综论以及对民国中央大学学人办刊的个案解剖中，在大学学人通过办刊活动进行的论学论政中，我们可以看到大学、大学出版在建立独立、自主的传统中可能遭逢的方方面面，也可看见在传统与现代、独立与党化、学术与政治之间大学学人的调适与坚守，这些都是我们为大学、为大学出版求解时弥足珍贵、可资借鉴的传统。

当下中国的大学与大学出版，面临的问题与本书提及的历史情境有同有异。在现有的刊号管理和媒介审批制度下，希冀通过恢复学人办刊这种形式，去接续中国大学出版曾经建立的传统、去追溯中国大学出版曾经达到的精神高度，可行性不大。另外，随着媒介形态的变迁、移动互联时代的到来，纸媒（包括报刊）的黄金时代不复存在，即令恢复学人办刊传统，其可能产生的影响力也是令人存疑的。学人办刊的形式当然还有所存留,比如现在大学教授和研究机构以书代刊出版学术辑刊,比如一些学人自主创办、运营的学术和思想文化网站、微信公众号,甚至微电台等,也可以看成学人办刊的变体。但这些变体已经不在大学出版的范畴之内了。所以,本书讨论民国时期的学人办刊,更多地是在呼吁回到"大学"本体,重建尊重大学自治和学术自由的传统,寻求恢复学人、大学以及大学出版活力的路径。

在路径选择上,本书循着学人办刊呈现的大学出版传统,提出大学的本质是自治、自由、自律的学术共同体,而大学出版则是这个学术共同体的重要组成部分,和大学一起共享基本的理念,也遵循共同的"范式",不应轻慢对待,更不可能剥离。应基于文化、教育事业的特殊性定位彼此之间的关系,构建起多元考评体系、有效的督导体系和选题遴选机制,才能走上共生、双赢之路,也才可能复现大学出版在民族文化建构和中国思想文化现代化进程中的重要性。在实际操作层面,本书提出的建立以学术委员会为中心的督导体系、建立以同行评议为基础的遴选机制,实际上都是在呼应学人办刊传统。大学学术委员会地位的明确和强化是"教授治学"、教授办出版的制度性保障,而同行评议寄希望于学人的自律与自觉,由此保证大学出版精英主义与引领的姿态。学人办刊的形式日渐式微,但学人办刊的传统与精神应该经由不同的方式延续下来。这是对大学出版人的考验,更是对大学与教育设计者智慧、胆识与视野的考验。

参考文献

一、基本史料

1. 报刊、杂志

《国粹学报》(上海,1905—1911)

《新青年》(北京,1915—1919)

《史地学报》(南京,1921—1926)

《文哲学报》(南京,1922—1923)

《学衡》(南京,1922—1933)

《国学丛刊》(南京,1923—1926)

《东南论衡》(南京,1926—1927)

《时代公论》(南京,1932—1935)

《国风》(南京,1932—1936)

《独立评论》(北平,1932—1937)

《文化建设》(上海,1934—1937)

《自由评论》(北平,1935—1936)

《思想与时代》(遵义、杭州,1941—1948)

《观察》(上海,1946—1948)

2. 书籍、档案

蔡尚思:《中国现代思想史资料简编》(全 5 册),杭州:浙江人民出版社,1982—1983。

陈玉堂:《中国近现代人物名号大辞典》(全编修订本),杭州:浙江古籍出版社,2005。

段怀清编:《新人文主义思潮——白璧德在中国》,南昌:江西高校出版社,2009。

樊仲云编:《中国本位文化建设讨论集》,上海:文化建设月刊社,1936。

方汉奇主编:《中国新闻事业编年史》(中册),福州:福建人民出版社,2000。

费正清主编:《剑桥中华民国史》,章建刚等译,上海:上海人民出版社,1992。

戈公振:《中国报学史》,北京:中国新闻出版社,1985。

胡适:《胡适文集》,北京:人民文学出版社,1998。

贺麟:《文化与人生》,上海:上海人民出版社,2011。

柳诒徵:《中国文化史》(上、中、下三册),北京:中华书局,2015。

孙永如:《柳诒徵评传》,南昌:百花洲文艺出版社,1993。

范红霞:《柳诒徵文化思想研究》,北京:人民出版社,2010。

赖光临:《中国近代报人与报业》,台北:商务印书馆,1980。

李新主编:《中华民国史》

第二编第五卷,杨天石主编,北京:中华书局,1996。

第三编第二卷(上、下),周天度等著,北京:中华书局,2002。

第三编第六卷,朱宗震、陶文钊著,北京:中华书局,2000。

第三编第五卷,汪朝光著,北京:中华书局,2000。

马星野：《新闻自由论》，南京：南京日报印行，1948。

钱穆：《文化与教育》，北京：三联书店，2009。

钱穆：《中国学术思想史论丛》(二)，北京：三联书店，2009。

王德滋主编：《南京大学百年史》，南京：南京大学出版社，2002。

王泰栋：《陈布雷传》，上海：东方出版社，1998。

王卫民：《吴梅评传》，石家庄：河北教育出版社，2002。

王永太：《凤鸣华冈：张其昀传》，杭州：浙江人民出版社，2006。

徐承德主编：《南京教育志》(上、下)，北京：方志出版社，1998。

徐耀新主编：《南京文化志》(上、下)，北京：中国书籍出版社，2003。

徐复观：《学术与政治之间》，上海：华东师范大学出版社，2009。

叶楚伧、柳诒徵主编：《首都志》(上、下)，南京：正中书局，1935。

张静庐辑注：《中国出版史料》(全8册)(影印本)，上海：上海书店出版社，2003。

张其昀：《张其昀先生文集》(1—15册，地学、史学、政论类)，台北：中国文化大学出版部，1988—1989。

宋晞：《张其昀先生传略》，台北：中国文化大学出版部，2000年。

《张其昀先生纪念文集》，台北：中国文化大学出版部，1986。

《张其昀先生文集》(第十六册 文教类一)，台北：中国文化大学出版部，1989。

《张其昀先生百年诞辰纪念文集》，台北：中国文化大学出版部，2000。

中国第二历史档案馆编：《中华民国史档案资料汇编》

第五辑第一编，文化(1—2)、政治(1—5)，南京：江苏古籍出版社，1994。

第五辑第二编，文化(1—2)、政治(1—5)，南京：江苏古籍出版社，1998。

第五辑第三编，文化、政治（1—5），南京：江苏古籍出版社，1999。

钟叔河、朱纯编：《过去的大学》，北京：同心出版社，2011。

朱偰：《金陵古迹图考》，北京：中华书局，2006（上海商务印书馆 1936 年初版）。

二、研究论著

蔡翔：《大学出版发展战略研究》，北京：中国传媒大学出版社，2008。

陈平原编：《大众传媒与现代文学》，北京：新星出版社，2003。

陈平原：《北大精神及其他》，上海：上海文艺出版社，2000。

陈平原：《中国大学十讲》，上海：复旦大学出版社，2002。

陈平原：《大学何为》，北京：北京大学出版社，2006。

陈旭麓：《近代中国社会的新陈代谢》，上海：上海人民出版社，1992。

陈宝云：《学术与国家：〈史地学报〉及其学人群研究》，合肥：安徽教育出版社，2010。

段俊晖：《美国批判人文主义研究——白璧德、特里林和萨义德》，北京：北京大学出版社，2013。

董佳：《民国首都南京的营造政治与现代想象（1927—1937）》，南京：江苏人民出版社，2014。

冯峰：《“国难”与“思想界”——中国政治出路的思想论争（1931—1937）》，复旦大学历史系博士论文，2005。

高恒文：《东南大学与“学衡派”》，桂林：广西师范大学出版社，2002。

郭太风，廖大伟主编：《东南社会与中国近代化》，上海：上海古籍出版社，2005。

何方昱:《“科学时代的人文主义”——〈思想与时代〉月刊(1941—1948)研究》,上海:上海书店出版社,2008。

黄延复:《二三十年代清华校园文化》,桂林:广西师范大学出版社,2000。

胡逢祥:《社会变革与文化传统——中国近代文化保守主义思潮研究》,上海:上海人民出版社,2000。

金耀基:《大学之理念》,北京:三联书店,2001。

金以林:《近代中国大学研究》,北京:中央文献出版社,2000。

蒋庆:《政治儒学:当代儒学的转向、特质与发展》,北京:三联书店,2003。

李频:《出版:人学絮语》,开封:河南大学出版社,2012。

李俊霖:《张其昀之教育思想与实践》,台湾师范大学政治学研究所硕士论文,2006。

李小雪:《民国时期国立中央大学学人论政研究——以〈时代公论〉为例(1932—1935)》,南京大学政府管理学院硕士论文,2014。

罗福惠主编:《中国民族主义思想论稿》,武汉:华中师范大学出版社,1996。

罗志田:《权势转移:近代中国的思想、社会与学术》,武汉:湖北人民出版社,1999。

罗志田:《乱世潜流:民族主义与民国政治》,上海:上海古籍出版社,2001。

吕厚轩:《接续“道统”:国民党实权派对儒家思想的改造与利用(1927—1949)》,济南:山东人民出版社,2013。

聂震宁:《洞察出版——出版理论与实务论稿》,北京:人民出版社,2014。

倪伟:《“民族”想象与国家统制——1928—1949年南京政府的文艺政策及文学运动》,上海:上海教育出版社,2003。

聂蕾:《“另一种新文化运动”——〈国风〉半月刊(1932—1936)研究》,华中师范大学近代史专业硕士论文，2013。
彭雷霆：《"五四"后迟来的批评——从〈学衡〉到〈国风〉时期的柳诒徵》，华中师范大学近现代专业硕士论文，2005。
沈松侨：《学衡派与五四时期的新文化运动》，台北：台湾大学出版委员会，1984。
沈松侨：《振大汉之天声——民族英雄系谱与晚清的国族想象》，台北：《中央研究院近代史所集刊》第33期，2000。
沈卫威：《"学衡派"谱系——历史与叙事》，南昌：江西教育出版社，2007。
苏云峰：《从清华学堂到清华大学(1928—1037)》，北京：三联书店，2001。
《思想与社会》编委会编：《教育与现代社会》(《思想与社会》第七辑)，上海：上海三联书店，2009。
王奇生：《党员、党权与党争——1924－1949年中国国民党的组织形态》，上海：上海书店出版社，2003。
王汎森：《中国近代思想与学术的系谱》，石家庄：河北教育出版社，2001。
吴忠良：《南高史地学派研究》，北京：华龄出版社，2006。
肖启明：《大学出版精神与大学出版社的发展》，桂林：广西师范大学出版社，2008。
许小青：《政局与学府——从东南大学到中央大学(1919—1937)》，北京：中国社会科学出版社，2009。
许小青：《诚朴雄伟 泱泱大风——中央大学校长罗家伦》，济南：山东教育出版社，2012。
谢泳：《西南联大与中国现代知识分子》，福州：福建教育出版社，2009。
杨念群：《儒学地域化的近代形态——三大知识群体互动的比较研究》，北京：三联书店，1997。

姚丹:《西南联大历史情境中的文学活动》,桂林:广西师范大学出版社,2000。

余英时:《士与中国文化》,上海:上海人民出版社,1987。

余英时:《钱穆与现代中国学术》,桂林:广西师范大学出版社,2006。

余英时:《现代儒学的回顾与展望》,北京:三联书店,2012。

赵丽华:《民国官营体制与话语空间——〈中央日报〉副刊研究》,北京:中国传媒大学出版社,2012。

郑大华:《中华民国思想史论》,北京:社会科学文献出版社,2006。

郑师渠:《晚清国粹派——文化思想研究》,北京:北京师范大学出版社,1997。

郑师渠:《在欧化与国粹之间——学衡派文化思想研究》,北京:北京师范大学出版社,2001。

周策纵:《五四运动:现代中国的思想革命》,周子平等译,南京:江苏人民出版社,2005。

张源:《从“人文主义”到“保守主义”中的白璧德》,北京:三联书店,2009。

〔美〕雅罗斯拉夫·帕利坎:《大学理念重审——与纽曼对话》,杨德友译,北京:北京大学出版社,2014。

〔美〕希拉·斯劳特(Sheila Slaughter)、拉里·莱斯利(Larry Leslie):《学术资本主义》,梁骁、黎丽译,北京:北京大学出版社,2014。

〔美〕易社强:《战争与革命中的西南联大》,饶佳荣译,北京:九州出版社,2012。

〔美〕易劳逸:《流产的革命——1927—1937年国民党统治下的中国》,陈谦平等译,北京:中国青年出版社,1992。

〔美〕格里德：《胡适与中国的文艺复兴》，鲁奇译，南京：江苏人民出版社，1995。

〔美〕杜赞奇：《从民族国家拯救历史 民族主义话语与中国现代史研究》，王宪明等译，南京：江苏人民出版社，2008。

〔美〕欧文・白璧德：《文学与美国的大学》，张沛、张源译，北京：北京大学出版社，2004。

〔美〕克拉克・克尔(Clark Kerr)：《大学之用》(第五版)，北京：北京大学出版社，2008。

〔美〕唐纳德・肯尼迪：《学术责任》，阎凤桥等译，北京：新华出版社，2002。

〔美〕亚伯拉罕・弗莱克斯纳：《现代大学论——英美大学研究》，徐辉、陈晓菲译，杭州：浙江教育出版社，2001。

〔美〕萨义德：《知识分子论》，单德兴译，北京：三联书店，2002。

〔美〕安德烈・希夫林：《出版业》，白希峰译，北京：机械工业出版社，2005。

〔美〕密尔：《论出版自由》，吴小坤译，上海：上海交通大学出版社，2008。

〔英〕约翰・弥尔顿：《论出版自由》，吴之椿译，商务印书馆 2008 年版。。

〔英〕约翰・亨利・纽曼：《大学的理想》，徐辉等译，杭州：浙江教育出版社，2001。

〔加〕许美德：《中国大学 1895—1995 一个文化冲突的世纪》，许洁英主译，北京：教育科学出版社，2000。

〔德〕马克斯・韦伯：《学术与政治》，冯克利译，北京：三联书店，1998。

〔西班牙〕奥尔特加・加塞特：《大学的使命》，徐小洲、陈军译，杭州：浙江教育出版社，2001。

〔法〕布尔迪厄：《国家精英——名牌大学与群体精神》，杨亚平译，北京：商务印书馆，2004。

〔法〕路易·阿尔都塞:《意识形态和意识形态国家机器》,李迅译,选自李恒基、杨远婴主编之《外国电影理论论文选》,上海:上海文艺出版社,1995。

〔法〕弗雷德里克·马特尔:《论美国的文化　在本土与全球之间双向运行的文化体制》,周莽译,北京:商务印书馆,2013。

后 记

在传媒大学写作这篇博士后报告的体验，和七年前在北京大学做博士论文的状态，是迥然不同的。做博士论文的时光是孤独、安静的，在图书馆和档案馆可以心无旁骛一坐一整天，经常处于和内心对话、和资料交流的状态。写博士后报告的我则是处于八爪鱼的状态，教学、科研、行政加重要出版项目的跟踪与执行，经常处于连轴转加迅速切换的状态，说得优雅些，是保持着弹钢琴、协调统筹的姿态。不管是“独”还是“转”，我都很珍惜，因为它们记录了我的一段人生状态，而且都是向上、积极、成长的。

2008年毕业后我到传媒大学工作，一开始看到校园里裙裾飞扬，满眼红头发、黄头发，真有茅盾《子夜》开篇吴老太爷进大上海的眩晕感，这种感受时隔多年还很强烈，虽然我当时也才二十来岁。来中传工作、学习七年来，我从起初的眩晕甚至抗拒，逐渐接受、融入，并使中传的基因嵌入自己的生活方式和思维模式中。中传有很多好的地方，比如接地气，比如和社会契合度高，比如市场感觉好，比如对新事物接受快且灵活，在当下的移动互联环境下如鱼得水，等等，这些都是传统的综合性大学很难实现的。自然，这其中有各个学校办学理念的差异，中传也有它不尽人意之处，比如学风没那么沉稳，不管教授还是学子定力都没那么够，偏向宏观战略层面,相对忽视窄而深的研究等。但不管怎么说,中传在中国庞大的大学群中,是生机勃勃的。2013年,周星驰曾从香港、马云从杭州赶到中传,展开了策划方称之为“天马行空”的跨界对话,两人也是生平第一次面对面。我在他俩的对话,还有与中传学生的互动过程中,有一种强烈的感受,那就是要了解未来,必须了解年轻人;要了解年轻人,必须到中传来。从这点看,能到传媒大学工作、学习,遇到这么多快乐、充满朝气,每天都有新鲜想法的同事,是幸福的。在由技术创新带来的媒体生态变革以及生活方式的转变中,我有幸成为一线的体验者。

虽然内心对中传文化认同,但研究路数的转变远没有想象的顺畅,这篇报告从定题开始,合作导师蔡翔教授就期待我能够跳脱出以前偏史偏文学的研究方法,转向更具理论高度和现实感的对策研究;期待我从人文研究的视角,转向更具解释力的社会科学视角。我理解他的期待,他是中国出版行业的领军人物,在经营管理和战略思维方面能力突出,现在又从事大学的经营管理工作,自然强调学术的“用世”以及“解释”能力。他把自己在北京师范大学历史系打下的人文研究功底化到了“用世”研究,而且做得不错。但对于我而言,这个过程是比较艰难的,到目前为止还没有融合好。所以这篇报告是现实研究,更是历史研究,从历史转向现实问题时的衔接有时候是牵强的,我有自知之明。关于人文科学与社会科学的解释力问题,并不是新问题。这篇报告第三章谈到1930年代在应对国难时,以政治、法律等社会科学为背景的中大学人,与以人文学科为背景的中大学人,论政的姿态、策略以及理论依据均有所不同，相比而言前者掌握更多的理论方法和专业术语，阐释的针对性和科学性显得较强。但是后者致力于从文化、历史的视角阐述现实应对之策，也自有其言说的自信。相比而言，中国当下的人文学者在面对社会问题时，往往充满方法的恐慌。大数据一来，新媒体一来，往往失语，这种窘境是值得学人自我反思的。从我个人的感受讲，能将两种视野相融更好，有情怀、有温度，同时有方法、有科学工具支撑，这种研究堪称学术的佳境。目前虽不能至，心向往之。

在我这次不那么顺畅的转型尝试中，感谢给我精神支持和方法指导的合作导师蔡翔教授，还有我在北大的导师商金林教授。商老师退休后在日本讲学，对于我的跨界以及转型尝试，他不以为忤，而是鼓励和支持。感谢编辑出版研究中心李频教授，感谢学科办王宇教授，还有参加我这篇报告答辩的聂震宁、郝振省、刘兰肖等出版界的资深专家。路还长，在你们的提携与扶持下，我会认真走好每一步。感谢在“八爪鱼”的日子里，帮助过我的大小朋友，包括世玲、火雄、唐颖、熊楚、韩文婷、杨琼、蔡珩等，还有如对自己女儿般关照我的鲍阿姨，点滴之恩，铭记于心。最后的感谢，留给我的母亲还有给我带来无限快乐的小儿堂堂，你们永远是我的精神之源。

图书在版编目(CIP)数据

大学精神与大学出版:民国中央大学“学人办刊”研究/赵丽华著.
—北京:中国传媒大学出版社，2016.12
(中国出版产业发展研究丛书 / 蔡翔总主编)
ISBN 978-7-5657-1850-2

Ⅰ.①大… Ⅱ.①赵… Ⅲ.①高等学校—学术期刊—期刊工作—研究—中国—民国 Ⅳ.①G237.5

中国版本图书馆 CIP 数据核字(2016)第 248110 号

大学精神与大学出版:民国中央大学“学人办刊”研究

DAXUE JINGSHEN YU DAXUE CHUBAN:MINGUO ZHONGYANG DAXUE “XUEREN BANKAN” YANJIU

著　　者	赵丽华
责任编辑	唐　颖
封面制作	泰博瑞国际文化传媒
责任印制	曹　辉
出版发行	中国传媒大学出版社
社　　址	北京市朝阳区定福庄东街 1 号　邮编:100024
电　　话	86—10—65450528　65450532　传真:65779405
网　　址	http://www.cucp.com.cn
经　　销	全国新华书店
印　　刷	北京艺堂印刷有限公司
开　　本	710mm×1000mm　1/16
印　　张	10.75
字　　数	116 千字
版　　次	2016 年 12 月第 1 版　　2016 年 12 月第 1 次印刷
书　　号	ISBN 978-7-5657-1850-2/G・1850　　定　价　39.00 元